新しい美しさを追求する

ココ・シャネルの言葉

桑原晃弥

シャネルのデザインで最も革新的だったのが、ブラック・ドレス。当時は喪服でしか黒い服を着用しなかった。美しいブラック・ドレスは瞬く間に女性たちを魅了した。（1936 年撮影）

©Boris Lipnitzki/Roger-Viollet/ amanaimages

男性服だったスーツを女性用に提案。ウエストの絞りがゆるく実用と装飾を兼ね備えたスタイルが社会進出する女性たちに支持された。コロマンデル屏風のあるパリのアトリエで。（1937 年撮影）

恋多き女性として知られ、大富豪から芸術家まで幅広い職業の男性とつきあい、センスや教養などを磨いた。生涯結婚することはなく、男性に依存しない恋愛スタイルを貫いた。（1950 年代前半撮影）

©Alamy/amanaimages

晩年を過ごしたホテル・リッツ・パリ。生涯を通して女性のための活動的なファッションを提案、自分のスタイルを貫き続けた。（1965年撮影）

ファッションの力で世界を変革する

「世界を変える」というと、アップルの創業者スティーブ・ジョブズに代表されるIT起業家を思い浮かべがちですが、女性の服装やスタイル、生き方を新しくすることで「世界を変えてみせた」のがココ・シャネルです。

本名はガブリエル・シャネルですが、「ココ」という愛称で知られるシャネル社の創業者で、ブランド王国フランスを代表するファッション・デザイナーです。

そんなシャネルの生い立ちは、あまりにも過酷なものでした。

シャネルは1883年、フランスの田舎町で行商人の娘として生まれています。

父親はほとんど家におらず、病気がちだった母親はシャネルが11歳のときに亡くなっています。残された5人の子どものうち、2人の弟は田舎の農場に送られ、シャネルたち姉妹は修道院に預けられました。父親は2度と姿を現しませんでしたが、シャネルは決して卑屈になることなく、むしろ命令に従うのが嫌いで、人に頭を下げるのはまっぴらという「反抗児」だったと振り返っています。

もっとも、当時のことをシャネルが正直に話したことはほとんどありません。人には「父親はアメリカにわたって成功した」とか、「叔母に引きとられて厳しくしつけられた」など、虚実入り交じった話をしていたようです。おそらく、シャネルにとって少女時代は、不満だらけの、受け入れがたい人生だったのでしょう。

こうした不幸な生い立ちを送った人は、その不幸を背負って生きていくことも多いのですが、シャネルは違いました。「翼を持たずに生まれ」ながらも、自由を求めて「翼を生やす」努力を惜しまなかったのです。

自由を求め、お金持ちになることを夢見たシャネルは、修道院の寄宿学校を出ると、洋裁店でお針子として働きながら、歌手を目指します。当時、何も持たない女性がお金に困らない生活をしようとすれば、歌手か女優になるしかありませんでした。シャネルはムーランのカフェ・コンセールでそこそこの成功をしますが、それ以後はうまくいかず、22歳でエティエンヌ・バルサンの愛人となります。

シャネルにとっては初めての「食べるために働かなくてもよい生活」でした。

しかし、すぐに退屈したシャネルは、まわりの「働かなくてもいい女性たち」がコルセットで絞り上げた身体に裾の長い洋服を着て、頭に巨大な帽子を載せた姿を見て、思います。「あんな女たちと一緒にされたくない」と。

それは強烈な嫌悪感でした。シャネルのデザインの根底にあったのは、当時、みんなが当たり前だと思っていた洋服や帽子、装飾品などへの抵抗感と、自分が作った心地よいもので、それらを葬り去りたいという強い思いだったのです。

シャネルはやがて小さな帽子を作りました。それが評判となり、シャネルは1909年、パリのマルゼルブ大通りに帽子店を開きます。この店こそが、シャネルにとっての「自由を手にするための場所」だったのです。

やがて新しい愛人アーサー・カペルの支援を受けたシャネルは、パリのカンボン通りに帽子店「シャネル・モード」を開店、さらにリゾート地のドーヴィルにブティックを開業と、本気で事業に取り組むようになります。

1914年、第一次世界大戦の勃発により、男性は戦地に駆り出されました。贅沢を控える空気が社会に広がると、女性にはそれまでとは違う活動的で実用的な洋服が求められるようになります。

それはまさにシャネルが目指していたものでした。シャネルは手に入る生地を使い、シンプルで活動的でありながら、着心地がよくスタイリッシュな洋服を次々と考案、デザイナーとして、事業家として成功への道を歩み始めます。

まさに19世紀的モードに終わりを告げ、20世紀という新しい時代を服装で表現したのがシャネルでした。シャネルは以後も「リトルブラックドレス」や「シャネルの5番」「マリンルック」「パンタロン」「シャネルスーツ」、さらに「ショルダーバッグ」「イミテーションジュエリー」など斬新なものを生み出していきます。

同時に15年のブランクを経て、再びファッション業界に復活、アメリカで大ブームを巻き起こすなど、独自の生き方でも多くの人を魅了しました。

本書に収録したシャネルの言葉は、いずれも新時代を切り開いていく力強さにあふれています。その言葉はきっとみなさんに生きる力を与えてくれるでしょう。

なお、本書の執筆と出版には、リベラル社の伊藤光恵氏、仲野進氏にご尽力いただきました。感謝申し上げます。

桑原　晃弥

第一章 自由と自立を求めて

第二章 仕事に人生を賭ける

第三章 新しい時代を作る

第四章 シャネルのドレスが愛される理由

第六章 ありのままの自分を見せる

第七章 限られた人生の時間をどう使うか

WORDS OF
COCO CHANEL

第一章

自由と自立を求めて

WORDS OF COCO CHANEL 01

逆境に負けず自ら人生を切り開く

もしも翼のない姿で生まれたのなら、翼を生やすための努力を惜しんではいけない

▼『誰も知らなかったココ・シャネル』

ファッションの世界に一大革命を起こしたココ・シャネルは1883年、フランスの田舎町で行商人の娘として生まれます。しかし、11歳で母親を亡くし、12歳のときに孤児のための慈善施設、オバジーヌの修道院に預けられました。シャネルはこの修道院で、キリスト教の教義と裁縫の教育だけを受けて育ちます。

やがて18歳になったシャネルはムーランの修道院の寄宿学校に送られますが、孤児であるシャネルは学費の代わりに家事労働をこなさなければならず、自分が低い身分であるということを嫌というほど味わいます。

その後、シャネルは2歳違いの叔母アドリエンヌが働く洋裁店でお針子として仕事を始めます。当時の普通の女性ならば、その先に思い描くのは庶民としての平凡な暮らしですが、シャネルは違いました。それまでとは違う人生を夢見て歌手を目指したかと思うと、パリに帽子店を開き、さらにリゾート地にブティックを開業するなど、次々と挑戦と成功を重ねていったのです。

翼を持たずに生まれたからといって、そのままでいる必要はありません。シャネルは翼を生やす努力を重ねることで世界を変える女性へと成長したのです。

WORDS OF COCO CHANEL **02**

自分の人生には誰にも借りを作らない

わたしは誰にも何一つ借りがないのよ。（中略）わたしは自分の主人であり、自分以外の誰にも依存していない

▼『シャネル　人生を語る』

ココ・シャネルが若き日にお金を望んだのは贅沢をしたいからではなく、自立のためでした。

シャネルは最初に、愛人であり資産家のエティエンヌ・バルサンに提供してもらったアパルトマンで帽子店を始めますが、やがてより条件のよい店を求めます。その願いを叶えてくれたのが次に恋人となるアーサー・カペルです。ただ、カペルはシャネルの才能を高く評価しながらも、心の中ではシャネルに「玩具」を与えたつもりでいました。成功はしてほしいけれど、完全な自立を望んでいたわけではなかったのです。

ある日、シャネルがカペルに「私、たくさん稼いでいるのよ」と得意げに話すと、カペルから「銀行がよくしてくれるのは、僕が保証人になっているからだ」と言われ、強いショックを受けます。そして翌日、店に行くや否や主任に「ここにいるのは遊ぶためじゃないわ。儲けるためよ」と宣言するのです。

それから1年後、シャネルの店は十分な利益を上げるようになり、カペルの保証金が不要になります。やがてシャネルは「私は誰にも何一つ借りがない」と言えるほどになり、幼い頃から望んでいた自立を自らの手で勝ち取ったのです。

WORDS OF COCO CHANEL

03

理想と現実のギャップを恐れない

この世には、なるべき理想の自分と、そうでない現実の自分がいる

▼『シャネル、革命の秘密』

ココ・シャネルは修道院を出て、お針子として仕事をしながら生活しますが、一方で最初はムーランという街で、やがてより華やかなヴィシーという街に移り、歌手を目指してレッスンに励みます。

ムーランでは将校たちの人気者だったシャネルですが、ヴィシーではシャネルを起用する店はなく、やがてムーランに引き上げることになります。舞台に立とうと決心したものの、失敗に終わったシャネルは「この世には、なるべき理想の自分と、そうでない現実の自分がいる」ということを思い知らされたのです。

自信を失い、この先何をすべきかがわからなくなったシャネルは、「愛人として一緒に住もう」と提案してきた資産家のエティエンヌ・バルサンと暮らし始めますが、まだ「自分が何者になるべきか」が見えないままでした。

誰しも「こうなりたい」という自分と、思うようにはならない現実の自分との間で苦しみ、悩むときがあるでしょう。

しかし、そんなときは、新たな人生のスタートに向けての準備期間なのかもしれません。

無理やり理想にしがみつくのではなく、現実の自分を受け入れた先に、新たな道が見えてくることもあるのです。

WORDS OF COCO CHANEL 04

自由のためにはあえて厳しい道を選ぶ

女性らしさを保って大切に扱われながらも男性に従うのか、または、そんな立場を放棄して自由を獲得する代わりに、精神的にも経済的にも自立した女性に不利な世界で生きていくのか、選択をつきつけられていたの

▼『シャネル、革命の秘密』

ココ・シャネルは早い時期から自立することを願っていましたが、当時の社会では身分の低い女性が幸せになるためには、お金持ちの男性と結婚するほかない、というのが常識でした。それでもシャネルはあきらめず、お針子として最初の仕事を始め、その後、歌手を夢見てレッスンに励みます。

しかし、夢破れたシャネルは、22歳のときに資産家・エティエンヌ・バルサンの愛人としてロワイヤリュのお城での生活を始めることになります。長く修道院で暮らし、お針子としてこき使われてきたシャネルにとって、自由に本を読み、乗馬も楽しめる日々はまさに夢のような生活でした。

しかし、幼い頃から「お金がなければ何者でもなく、何もできない」と信じていたシャネルは、愛人として大切に扱われることよりも、自由を獲得したいという気持ちを抑えることはできませんでした。それは女性にとって厳しく、不利なことの多い道でしたが、シャネルは「帽子屋を開く」という思いを打ち明けます。

そして1909年、26歳のシャネルはバルサンの援助を得てパリにあるアパルトマンの一室に帽子店を開きます。それは自立への大きな一歩となったのです。

WORDS OF COCO CHANEL

05

教えられることを待たず自分で考える

私は自分自身で学んだわ。（中略）人から教えられないことを自分でなんとか解決してきたから。そうすることで人は成功するものなのよ

▼『シャネル、革命の秘密』

人は子ども時代に親や先生からさまざまなことを教えられ、学ぶことで成長していきます。しかし、自分で考えるより先に教えられることばかりだと、教えられたことは理解できても、新たな問題に対して、自分の頭で考えられなくなることもあるのではないでしょうか。

ココ・シャネルは修道院時代に裁縫について教えられたことはあっても、他のデザイナーのようにファッションについて正式に勉強したこともなければ、誰かのもとに弟子入りして修業したこともありませんでした。そのため自身でデッサンを描くことも、縫うことも、カットをすることもなかったといいます。

それにもかかわらず、なぜシャネルはこれほどの成功をしたのでしょうか？

その理由について、シャネルは「誰も私に何ひとつ教えてくれなかった。私はすべてを自分ひとりで覚えた」（『シャネル哲学』）と話しています。シャネルは既存の華美なファッションを嫌い、自分が着たいと思うものを作っています。

それは従来のファッションや社会の常識からは考えられないことばかりでしたが、それができたのはシャネルが誰かに「教えられた」からではなく、「自分で考える」ことができたからなのです。

WORDS OF COCO CHANEL

06

試練をどう乗り越えるかで人生が変わる

（人生の試練がどんなものか）わかっているわ。
私自身、一二歳ですべてを失ったのだから

▼『ココ・シャネル　時代に挑戦した炎の女』

ココ・シャネルの子ども時代は、私たちが知る華やかなイメージとはかけ離れた悲惨なものでした。幼くして病弱な母親を亡くし、定職を持たず各地を放浪している父親には置き去りにされ、事実上、孤児となり、12歳のときにオバジーヌのシトー会修道院に預けられています。

この頃のことをシャネルが詳しく語ることはなく、時に虚構を交えた話をすることも多かったようですが、「家も愛もなく、父も母もおらず、悲惨だった」（『シャネル、革命の秘密』）と回想しています。

悲惨な経験を乗り越えてファッション界の頂点へと駆け上がったシャネルですが、

1919年には最愛の男性アーサー・カペルを自動車事故で失うという悲劇に再び見舞われます。「カペルを失って、私はすべてを失った」と語るほど、シャネルは悲嘆にくれることとなります。

シャネルは成功の陰で、カペルの死だけでなく、第二次世界大戦の影響による店舗の閉鎖など、人生のすべてを失うほどの悲しみを経験しています。しかし、そのたびに見事に立ち直っているのです。

それはシャネル自身が幼少時のつらい経験を通して試練とはどのようなものか、どのように乗り越えていくのかを学んでいたからなのでしょう。

WORDS OF COCO CHANEL 07

プライドは強みにも弱みにもなる

プライドこそが私の強さの秘訣……それは弱点でもあり、長所でもあるのよ

▼『シャネル、革命の秘密』

ココ・シャネルは子ども時代に母親を亡くし、父親に捨てられ、修道院で暮らすという日々を送りました。親もなく、お金もなく、学校に行くこともできなかっただけに、もしかしたら世の中に出ても自分に自信を持てず、誰かと結婚する日を夢見るしかない人生だったかもしれません。ところが、シャネルはそんな悲惨な生活を送りながらも「自立」への思いを持ち続けていました。

やがてシャネルはエティエンヌ・バルサンやアーサー・カペルの支援を受けて帽子店やシャネル・モードを開店。大きな成功を収めてお金を手にすることになりますが、そのように仕事に夢中になり、経済的に自立すればするほど「女性であることを忘れ、愛の方がお留守になる」ということもありました。

そんなシャネルにカペルは「プライドを高く持てば、傷つくこともある」(『シャネル、革命の秘密』)と忠告します。

自分への自信やプライドがあるからこそ自立のために頑張ることができるのでしょう。しかし一方で、高すぎるプライド故に誰かに頼ることができない面もあります。プライドはシャネルにとって成功をもたらした大きな長所でもあり、時に短所でもあったのです。

WORDS OF COCO CHANEL

08

無条件の愛が弱さを生むこともある

キスや愛撫や教師やビタミン剤が、子供を殺してしまうだけではなく、不幸にし、ひよわな人間に仕立ててしまう

▼『ココ・シャネルの真実』

ココ・シャネルの生い立ちは決して恵まれたものではありませんでした。病弱な母親を早くに亡くし、修道院で孤児として育ったわけですから、普通なら自分の人生を恨み、自暴自棄になってもおかしくないところです。

しかし、シャネルはそうはなりませんでした。そして、こう振り返っています。「つらい生い育ちのおかげで、強い性格ができあがった。そうよ、傲慢さこそ私の性格の鍵。いつもひとから離れて独立独歩、ひとに合わせようとしない、この性格の鍵なのよ。同時にそれは、わたしの力と成功の秘密でもある」（『シャネル人生を語る』）

自立への強い思いと、プライドがあったからこそ、シャネルは厳しい環境から抜け出して大きな成功を手にしています。むしろ、その境遇があったからこそ、今の自分がいるのだというのです。

だからこそ、親から無条件に与えられる愛や、勉強を教えてくれる教師のような存在はむしろ、子どもを弱く、不幸にしてしまうと感じたのでしょう。

これは「愛なんて贅沢」という子ども時代を送ったシャネルだからこその言葉でしょう。「豊かな愛」は危険信号に思えたのかもしれません。

WORDS OF COCO CHANEL

09

カメリアのように華やかに潔く生きる

花束は嫌い。カメリアが一輪あれば充分

▼『シャネル哲学』

ココ・シャネルは40代の頃に交際していたウェストミンスター公爵から両手で抱えられないほどの花束を贈られることがあったようですが、シャネル自身はかつての恋人アーサー・カペルからプレゼントされた花だからという理由で、カメリア（椿）を最も好んでいました。

白いカメリアは私たちも知るように、シャネルブランドのシンボルでもあり、カメリアのデザインが服に用いられることも多くありました。シャネルにとっては特別な思いのある花だったのでしょう。また、カメリアの花には匂いがないため、香水の香りと混ざることがないという利点もあったといわれています。

カメリアはエキゾチックであり、禁断の花というイメージがあります。シャネルはアレクサンドル・デュマの『椿姫』を愛読していましたが、ヒロインは赤あるいは白のカメリアを身につけて情事の可否のサインにしていました。

日本では「桜散る、梅はこぼれる、椿落つ、牡丹くずれる」という言葉があります。桜や梅の花びらが散り、こぼれ落ち、牡丹の花が大きく崩れていくのに対し、椿の花は花首からぽとりと落ちます。その潔さもシャネルの生き方に重なるように見えてくるのではないでしょうか。

WORDS OF COCO CHANEL

10

誰かに守られるだけの人生はつまらない

猫みたいに抱きかかえられるのも嫌い。わたしは自分が歩いてきた道をまっすぐ行く。たとえその道がうまくゆかなくても

▼『シャネル　人生を語る』

「人は成功者の結果しか見ない」という言葉がありますが、ココ・シャネルの人生も成し遂げた結果だけを見れば、20世紀を代表する経営者の一人であり、ファッションの世界を変えたイノベーターということができます。しかし、そこに至る道はとても厳しいものでした。

孤児として育ったシャネルにとって、当時の常識からすると、幸せになるためには大金持ちの愛人になるか、ある程度のお金を持った人と結婚するしかありませんでした。一方、シャネルはきっかけを作ってくれたのは愛人たちだったものの、彼らと結婚することはなく、自分の力で成功を手にしています。

シャネルは、書籍『シャネル　人生を語る』の中でこう振り返っています。

「わたしの人生、それは、ひとりで生きる女の悲惨と栄光の物語――そして、時にドラマ。わたしは自分自身と闘い、男たちを相手にして闘わざるをえなかった」

シャネルは誰かに秩序を押しつけられることや忠告されることを嫌っていました。ましてや誰かに愛猫のように抱えられるのも大嫌いでした。それは自分が選んだ道を自分一人で突き進む孤独な戦いですが、「孤独は私に勝利をもたらす」がシャネルの信条だったのです。

WORDS OF COCO CHANEL

11

つらい時期も自分の信念は曲げない

人生がわかるのは逆境の時よ

▼『シャネル　人生を語る』

人の一生には順境のときもあれば、逆境に苦しむときもあります。しかし、どちらかがずっと続くということはありません。ですから、つらい時期もあきらめず、光が差すのを待つことが大切です。

ココ・シャネルの人生は生まれてから帽子店を開く（１９０９年）までが最初の逆境の時代といえるでしょう。

そこから徐々に順境へと向かい、第一次世界大戦時を経て大いなる順境の時代を迎えています。最愛の人であるアーサー・カペルの死といった悲劇も乗り越え、第二次世界大戦の勃発（１９３９年）とともに店を閉めるまでは栄光の時代が長く続いています。

しかし、店を閉めて引退生活に入ってからは退屈な日々が続き、１９５４年に71歳でカムバックしたときには酷評の嵐に迎えられるという逆境を経験しています。

それでもシャネルはめげませんでした。「今に彼らに真価を見せてやる」（『シャネル、革命の秘密』）という思いで、逆境に立ち向かっていったのです。

人生のつらい場面でも安易に人に頭を下げず、嫌なことにはノンと言い続けたシャネルには年を重ねても強さがありました。やがて世界が再びシャネルを認め、順境の時代を迎えることになります。

WORDS OF COCO CHANEL

12

世界のどこかに自分をわかってくれる人がいる

多くのアメリカ人にとって、（中略）フランスとはわたしのことなのよ

▼『シャネル　人生を語る』

アメリカにもコーチやポロ・ラルフローレン、マイケル・コースといった有名ブランドがたくさんありますが、ハイブランドとなるとやはり歴史と伝統のあるフランス企業の名前が挙がります。

シャネルもその一つです。ココ・シャネルは1931年にハリウッドで映画衣装を手がけるなど早くからアメリカでも知られた存在で、なかでも香水の「シャネルの5番」はとても有名でした。

第二次世界大戦後、ナチスとの関係が疑われていたシャネルにフランスが冷たかったのに対し、アメリカはいつだってシャネルを熱狂的に迎えています。

15年のブランクを経てカムバックしたシャネルを最初に評価したのも、やはりアメリカでした。

実際、シャネル自身も、自分のことを一番よく理解してくれているのはアメリカだと感じていたようで、「多くのアメリカ人にとって、(中略) フランスとは私のことなのよ」とも話しています。

たしかにシャネルの発表したスーツはアメリカ人の欲求を満たすものでしたが、同時にシャネルが孤児同然の育ちから自力で大成功した物語は、アメリカ人の大好きな「アメリカンドリーム」だったのです。

WORDS OF COCO CHANEL

第二章

仕事に人生を賭ける

WORDS OF COCO CHANEL 13

成功は自分でつかみとるもの

人は仕事によって何かを達成する。恩恵は天からは与えられなかった。自分の手で創り出したの

▼『シャネル、革命の秘密』

ココ・シャネルのそばには若い頃から晩年まで多くの男性がいただけに、シャネルの成功はこれらの人たちによってもたらされたと誤解する人もいますが、そうではありません。

たしかに最初の帽子店はエティエンヌ・バルサンがパリにある自分のアパルトマンの一室を提供することで実現していますし、より条件のよい場所に店を開きたいという願いはアーサー・カペルがお金を出し、銀行の保証をしてくれたことで実現しています。

女性の権利が今ほど認められておらず、起業する女性も一般的でなかった時代、店を持ち、起業するには男性の助けが必要なのはやむを得ないことでした。しかし、シャネル自身は自らの成功について、「成功の秘訣は、私はとても熱心に仕事をしたということ。仕事に代わるものはない。債券や度胸、運ではない」とはっきりと言い切っています。

シャネルは「日曜日に何をしているのか」と聞かれ、「日曜日が終わるのを待っている」(『ユリイカ』2021年7月号)と答えるほど働くことが大好きでした。シャネルの成功は王子様や魔法の杖によるものではなく、懸命に仕事をすることでもたらされたものでした。

WORDS OF COCO CHANEL 14

働くことは何よりの喜びである

働かなければ自分は何者にもなれない

▼『シャネル、革命の秘密』

ココ・シャネルが当時の常識と違っていたのは、エティエンヌ・バルサンの愛人として何不自由ない暮らしをしているにもかかわらず、「働く」「仕事をする」ことにこだわったことです。

1908年当時、上流階級の男性が愛人と同棲すること自体、伝統に反するものでしたが、ましてやその愛人が働くというのは、「その男には愛人を養う経済力がない」ことを意味していました。それでもシャネルは働くことへのこだわりを持っていました。「働かなければ自分は何者にもなれない」と抗議し、バルサンを押し切ります。

シャネルが望んだのは、男性に頼らなくても生きていくことのできる自立した存在でした。そのためには「働く」ことが必要だったのです。

そして懸命に働くことで大きな成功を手にしただけに、晩年、「昔はよく働いていたものだ。（中略）今では金曜日になると、六時に仕事を終わってどこかへ行くことしか考えない。みんなは仕事のよろこびを知らないんだ」（『ココ・シャネルの秘密』）という嘆きを口にしています。シャネルにとって「働く」ことは喜びであり、それこそが自立を可能にしてくれる唯一の道だったのです。

WORDS OF COCO CHANEL

15

強い思いは
多くの人を惹きつける

私は六人ほどの縫い子とともに仕事を始めた。
それが三千五百人にまでなった

▼『シャネル　人生を語る』

起業することは比較的簡単にできたとしても、それを5年、10年と続け、永続する企業へと育て上げるのはとても難しいことです。

ココ・シャネルがエティエンヌ・バルサンの援助を受けてパリに帽子店を開いたのは1909年のことです。6人ほどの縫い子とともに始めた一軒の店からビジネスは拡大を続け、第二次世界大戦の勃発を機にアクセサリーと香水部門を除いて店を閉めるまで、従業員は4000人を超えていた（シャネルは3500人と話しています）といわれています。

そして15年ものブランクを経てシャネルはファッションの世界に復帰、1971年に亡くなってから半世紀以上を経た今も「シャネル」はフランスを代表する高級ブランドです。

シャネルが最初に開いた帽子店は、バルサンから見ればただの「玩具」であり、「暇つぶしの道具」にすぎませんでした。しかし、シャネル自身にとってそこは「遊びではなく、成功するため」の挑戦の場所だったのです。

その強い思いが大きな成功につながり、「シャネル」は長い時を経ても、世界中の女性たちにとって憧れのブランドとして輝き続けています。

WORDS OF COCO CHANEL

16

夢中になれる仕事が人生を支えてくれる

ボーイ・カペルはわたしに玩具をあたえてくれた。その玩具があまりにも面白かったので、愛の方をお留守にしてしまった

▼『シャネル　人生を語る』

ココ・シャネルが最初に開いた帽子店はエティエンヌ・バルサンの助けによって生まれていますが、2番目の帽子店「シャネル・モード」や、リゾート地ドーヴィルに開いたブティックは、シャネルが心の底から愛していたアーサー・カペルのお陰でオープンしています。

当時、愛人が働くというのは「男に甲斐性がない」という証であり、本来、男性にとっては好ましいことでありませんでした。しかし、シャネルの才能を買っていたカペルはむしろシャネルが働くこと、店を持つことの背中を押していたのです。そして、シャネル自身、懸命に働くことで成功への道を歩み始めます。

シャネルは、「仕事をとても楽しんでいたので、愛というものを忘れていた」と振り返っているだけに、カペルのことを愛してはいても、仕事を辞めるという選択肢はありませんでした。やっと手に入れた自分の仕事はそれほどに面白くやりがいのあるものだったのです。

しかし、そんなシャネルに対し、カペルは「君は女性であることを忘れないように」と不安を口にすることもありました。やがてカペルはイギリスの貴族であるダイアナ・ウィンダムとの結婚を選ぶこととなるのです。

WORDS OF COCO CHANEL

17

悲しみのどん底でも光はある

いつかあなたが悲しみの淵に沈み、すべてを失くし、ひとりぼっちになった時、いつでも相談できる友人をひとり持つことね。あとは仕事よ

▼『ココ・シャネル　時代に挑戦した炎の女』

ココ・シャネルの初期の成功に最も大きな支援の手を差し伸べたのはアーサー・カペルです。１９０９年に出会った2人はお互いに愛し合い、認め合う関係でした。

しかし、１９１９年にカペルはイギリスの男爵家の令嬢ダイアナと結婚します。カペルの家は裕福ではあっても名門の出ではなかっただけに、さらなる成功を求めて、孤児のシャネルではなく、ダイアナを選んだのは仕方のないことでした。

しかし、その年の12月末、カペルは自動車事故で突然亡くなります。シャネルにとってカペルは、たとえ去ったとしても再び帰ってくる可能性のある存在でしたが、その死によって望みがなくなってしまったのです。

自分にとっての大きな存在を突然失ったシャネルは「彼の旅立ちは私の心にぽっかり穴をあけ、それは何年も塞がれていない」（『シャネル、革命の秘密』）というほどの衝撃を受けています。

それからの悲嘆にくれる日々を支えてくれたのは、シャネルが〝唯一の友〟と公言したミシア・セールと、大好きな仕事でした。ミシアはシャネルの気が晴れるようにと夫婦での旅行にシャネルを連れ出すこともあったといいます。

WORDS OF COCO CHANEL 18

自分の持つ力は使ってこそ価値がある

わたしが心底浪費したいと思う唯一のもの、それはわたしの力

▼『シャネル　人生を語る』

ココ・シャネルはビジネスの成功により多くのお金を手にしています。しかし、一方で「私は何百万と浪費した」と話しているように、多額のお金を大胆に使ってもいます。

ただ、シャネルはものを買うこと自体は好きでしたが、コレクターのように何かを集めたり、ためこんだりすることは好きではありませんでした。

そして、世間がイメージする浪費家と違うのは、自分の贅沢のためではなく、自分が愛する人や、才能ある人たちを援助することを目的にしていたことです。

「仕事でも恋愛でも友情でも、受け取るより与える方がずっと好き」というのがシャネルの考え方でした。

そんなシャネルがお金以上に浪費したいと願っていたのが「わたしの力」です。「説得し、あたえるためなら、よろこんで持てる力をふりしぼる」と言い切るほど、自分の持つ力に価値を見出していたのです。

シャネルは、モード（最先端のスタイル）もクチュリエ（デザイナー）が与える贈り物だといいます。すごいものを作り、すごい人の才能をバックアップするためならシャネルは持てる力をいくらでも使いました。それがシャネルの考える本当の「浪費」でした。

WORDS OF COCO CHANEL

19

成功体験に縛られると時代の変化が見えなくなる

私は自分が設立した会社で、足蹴にされたりしないわよ

▼『ココ・シャネル　時代に挑戦した炎の女』

ココ・シャネルは1909年、26歳で小さな帽子店を開き、それから30年ほどの間に4000人近い従業員を抱える会社にまで成長させています。素晴らしい経営手腕といえますが、そんなシャネルの店で1936年にフランス国内で多発していたストライキが起こります。

1936年の春、フランスでは左翼連合が政権を手にしたことで、長年の懸案だった有給休暇や失業保険といった労働者の権利の改善を求めて大規模なストライキが起こります。多くの企業でストライキが頻発、シャネルの店で働く従業員たちもその輪に加わり、サロンは閉鎖され、オーナーであるシャネルも店から締め出されてしまいます。

シャネルは「何をつべこべ言っているの。お給料に不満があるのかしら。お給料は十分すぎる額のはずよ」と激怒しますが、時代の流れに逆らうことはできず、賃上げや労働組合への参加、週40時間労働、年間2週間の有給休暇といった権利を認めます。

とはいえ、お針子からスタートして懸命に働くことで成功を手にしたシャネルは「従業員もそうあるべき」という思いが強く、最後まで労働者の思いに共感することはなかったといいます。

WORDS OF COCO CHANEL 20

選択を間違えたなら人生の教訓にしよう

私は道を誤った。戦争中ずっとドレスを売り続けていた人もいたのに。これは私にとって教訓になるわね。これからは何があっても、ドレスを作り続けるわ

▼『誰も知らなかったココ・シャネル』

ココ・シャネルは2度の世界大戦を経験していますが、第一次と第二次ではまるで違う決断をしています。第一次世界大戦が勃発したとき、シャネルは31歳でしたが、戦争によって女性たちに求められる服が大きく変化するのを感じ、まさにそのニーズにぴったりのものを提供します。また限られた素材を工夫をすることで大きな成功を手にしたのです。

一方、56歳のときに起こった第二次世界大戦では、アクセサリーと香水部門を除いてすべての店を閉めるという決断をしています。理由はこうです。

「まだドレスを買おうと思う人がいるなんて、どうしても思えなかったの」

いきなり職を奪われた従業員は、窮状を訴えることでシャネルの決断を撤回させようとしました。フランス政府もパリの威信のために店を開けるように求めましたが、シャネルの決意は揺らぎませんでした。

そこからシャネルは長い休暇に入りますが、後年、このときの決断について、「私はバカだった。人生に無知だった」として、「これからは何があっても、ドレスを作り続けるわ」と振り返っています。岐路における選択はシャネルにとっても難しいものだったのでしょう。

WORDS OF COCO CHANEL 21

世界一の結婚よりも守るべきものがある

わたしにはこれ（メゾン・シャネル）を見捨てることはできなかった。わたしが持っているただ一つのもの、わたしが自分の手で作り上げたただ一つのものなのだから

▼『ココ・シャネルの秘密』

ココ・シャネルはアーサー・カペルをはじめとする何人かの男性と交際していました。そんな男性たちの中で、最も裕福で地位も名誉も備えていたのが40代のときに親密になったウェストミンスター公爵です。公爵はシャネルより4歳上、イギリス王室の血を引き、ヨーロッパ一のお金持ちでしたが2度目の結婚が4年で終わっていました。

仕事を持ち、自立するシャネルに夢中になった公爵は、驚くような贈り物攻勢を行い、シャネル自身も「私の本当の人生が、ウェストミンスター公を知ってから始まった。これで私も、頼りにできる肩を、安心して寄りかかれる大木を見つけたわ」というほど2人は親密になります。

しかし、最終的にシャネルは結婚を断念、公爵も自らと同じ階級の女性と3度目の結婚をすることになります。

理由の一つは、跡継ぎが必要な公爵に対して、シャネルは年齢的に子どもを生むことが難しかったこと、そしてもう一つは結婚することになれば仕事を離れなくてはならなくなることでした。シャネルは自分が作り上げたメゾン・シャネルを手放すことはできませんでした。世界一のお金持ちとの結婚ではなく、自分が作り上げた仕事を選んだのです。

WORDS OF COCO CHANEL 22

退屈するくらいなら挑戦して失敗する方がいい

退屈していたのです。それに気づくのに15年かかりました。私は無よりも失敗を選びます

▼『シャネル、革命の秘密』

スポーツの世界では「勝つことは難しい。勝ち続けるのはもっと難しい。敗北の後、再び勝つのはさらに難しい」といわれることがよくあります。復活することの大変さを伝える言葉です。

26歳で帽子店を開いて以降、ファッションの世界で革命を起こし続けたココ・シャネルは、第二次世界大戦が勃発した56歳のときにアクセサリーと香水部門を除いて店を閉める決断をします。やがてスイスに移住し、長い沈黙の時代が続きますが、70歳のときにスイスからパリに戻り、カムバックを決意します。

好調な香水部門から十分な利益を手にしていたシャネルには危険を冒してまでカムバックする理由はありませんでした。さらに時代はクリスチャン・ディオールに代表される「ニュールック」がもてはやされ、さすがのシャネルも15年の空白で「過去の人」となっていました。

にもかかわらずシャネルは復活を決意します。失敗の恐れのある無謀な挑戦でしたが、シャネルは「(やることのない)無よりも失敗を選ぶ」と心を決めたのです。

その挑戦は当初、フランスでは「失敗」と見られました。しかし、アメリカで喝采をもって迎えられ、シャネルは再びモード界の主役の座を勝ち得たのです。

WORDS OF COCO CHANEL 23

周囲の声に惑わされず自分の信じた道を進む

仕事を続けて、勝ちたいのよ

▼『誰も知らなかったココ・シャネル』

ココ・シャネルは1954年、71歳でファッションの世界にカムバックします。2月5日にカムバック・コレクションを開きますが、クリスチャン・ディオールに代表される「ニュールック」が流行している時代、シャネルのコレクションはフランスのメディアからは酷評されます。

シャネルの香水を扱っていたピエール・ヴェルタイマーが心配し、ショールームにシャネルを訪ねたところ、シャネルは床に膝をつき、ドレスの裾に待針を止めながらこう言います。

「分かるでしょ、続けたいの。仕事を続けて、勝ちたいのよ」


そしてヴェルタイマーは「あなたの言うとおりだ。続けるべきだ」と、シャネルの支援を約束します。

やがてアメリカではメディアが「七一歳のガブリエル・シャネルは、たんなるファッションを超えて、革命をもたらしている」(『ココ・シャネル　時代に挑戦した炎の女』)など好意的な評価をするようになり、女優のマレーネ・ディートリッヒものちに有名になる「シャネルスーツ」など何着ものスーツを注文します。

他者から何を言われようと信念を貫き、前に進んできたシャネルは、勝利を我がものとしたのです。

WORDS OF COCO CHANEL

24

失敗や挫折を恐れず
ただベストを尽くすだけ

人がなんと言おうと平気。コレクションが終わったときは、自分が全力をつくしたことで、私は満足だから

▼『シャネル哲学』

「ベストを尽くして失敗したら、ベストを尽くしたってことさ」。これはスティーブ・ジョブズの言葉です。

倒産か身売りしかないというところまで追い込まれたアップルを救うために、アップルのＣＥＯへの復帰を求められたジョブズですが、当時はピクサーで大成功を収めていただけに、もし失敗すれば自分のキャリアに傷がつくことになります。にもかかわらず、復帰を決めた際、ジョブズが口にしたのがこの言葉でした。

誰だって失敗や挫折などしたくありません。ましてやジョブズやココ・シャネルのような世界を変えるほどの成功を経験した人にとって失敗や誹謗中傷は耐えられないはず。しかし、「そんなことはどうでもいい」とばかりに自分のやりたいことのためにあえてリスクをとるのが本物のイノベーターなのです。

15年のブランクを経てファッションの世界に復帰したシャネルを待ち受けていたのは「失敗だ」「時代遅れだ」という批判の嵐でしたが、シャネルは「自分が全力を尽くしたことで、私は満足だから」と平然と前に進みます。

やがてアメリカが喝采をもってシャネルを讃え、世界も再びシャネルに賞賛を送るようになったのです。

WORDS OF COCO CHANEL 25

細部までこだわり抜くのが一流の仕事

私は生涯、階段で過ごしたの

▼『シャネル、革命の秘密』

現在、シャネルの本店はパリのカンボン通り31番地に置かれています。ここはココ・シャネルが第一次世界大戦後の1919年に店を移した場所です。

既に100年を超える歴史を誇り、2013年にフランス文化省はこの建物を歴史的建造物に認定しています。

1953年に撮影された、建物内の階段に立つシャネルの写真が『芸術新潮』の特集「シャネルという革命」に掲載されていますが、シャネルにとってもこの建物や階段は特別な存在で、「私は生涯、階段で過ごしたの」と話しています。

シャネルとロシア刺繍を通じて親交のあったマリア・パブロヴナによると、年に2回開かれるシャネルのファッションショーでは、シャネルは会場全体が見渡せる階段の一番上に座り、細部にまで目を配っていたそうです。ショーの前日に行われるリハーサルでもシャネルは定位置に座り、「ダメ」と判断したものは、そのまま「消える」か、翌日までに「作り直された」といいます。

「神は細部に宿る」という言葉のように、シャネルは細部にまでこだわり抜き、何一つ見逃すことがなかったといいます。シャネルにとって階段の一番上はまさにすべてを見渡せる場所だったのです。

WORDS OF COCO CHANEL 26

創造こそが生きがいになる

創造できなくなったとき、それは私が終わるときね

▼『シャネル、革命の秘密』

ココ・シャネルは1909年に最初の帽子店を開いた後、1939年にアクセサリーと香水部門を除いて店を閉めるまでの30年間、懸命に働くことでファッションの世界に革命を起こし続けています。

それから15年余りの空白を経てカムバック。1971年に87歳で亡くなるまで働き続けることで再びシャネルという名前を偉大なものにしています。

年齢を重ねても、「とてもその年には見えなかった」といわれるシャネルですが、1939年には、「自分が老いてゆくなんて思いもしなかった。いつも聡明な明るい人々や友人の間にいると思っていた。それが、突然独りぼっちになった。私が好きな人たちは海の向こう側、アメリカに行ってしまった」（『シャネル、革命の秘密』）と老いと孤独を口にしています。

そんな心の空白を埋めるかのようにシャネルはカムバック後、多くの時間を仕事に費やすようになります。創造こそがシャネルの生きがいでした。

しかし、そんな日々に終わりが訪れます。仕事も栄誉もお金も手にしたシャネルですが、1971年1月10日、「こんなふうにして人は死ぬのよ」（『シャネル哲学』）と言って息を引き取ります。

WORDS OF COCO CHANEL

第三章

新しい時代を作る

WORDS OF COCO CHANEL 27

着るものが変わると生き方も変わる

わたしは女のからだを自由にしてやった。レースやコルセットや下着や詰め物で着飾って、汗をかいていたからだを自由にしてやったのよ

▼『シャネル　人生を語る』

『芸術新潮』(2022年8月号)の特集「シャネルという革命」がこう書いています。

「当時、公の場でリラックスすることは男性だけに許された特権でした。エレガントな女性たるもの、つねに背筋を正していなければならなかったのです」

ココ・シャネルがパリのカンボン通りに帽子店「シャネル・モード」を開店した1910年、当時の女性の服装はレースやコルセットや下着や詰め物で着飾ったものでした。そして「10分間、舞台に登場する服なら何でも我慢できる。だがそれを一晩中着ているなんて災難よ」と思わせるようなものでした。

もちろんそれがエレガントな女性たちの正しい服装ではありましたが、シャネルはより活動的に暮らしたい女性たちのために、着心地がよく、動きやすく、その上ファッショナブルな洋服を作ることで、男性同様の自由やリラックスする権利をもたらしたのです。

シャネルの作り上げた洋服は女性たちに活動の自由を与えるとともに、本当の意味での自由を女性たちに与えるきっかけともなりました。

シャネルは新しい時代を切り開いたリーダーでもあったのです。

WORDS OF COCO CHANEL

28

反発心から流行が生まれる

この女性たちに、わたしは黒を着せてみせる

▼『シャネル　人生を語る』

ココ・シャネルがデザインして世界的にヒットしたものの一つに「リトルブラックドレス」があります。１９２０年代半ば、オペラ座の桟敷席からホールを見ていたシャネルは、赤、青、緑などパレットをぶちまけたような色のドレスを着た女性たちを見て、「こんな色ってないわ。この女性たちに、わたしは黒を着せてみせる」と誓います。

　女性たちが着ていたのは当時の大クチュリエ、ポール・ポワレが流行させたものでしたが、シャネルはその対極にある「黒」を使ったミニドレスを作り上げます。当時、黒は喪服のイメージの強い色でしたが、シャネルのデザインが黒をファッショナブルでエレガントなものに変えたことで大ヒット。アメリカの雑誌「ヴォーグ」は、自動車メーカーフォードが大ヒットさせた黒のＴ型フォードに例え「これはシャネルがデザインしたフォードだ」と讃えました。

　後日、ポワレは黒い服を着たシャネルに「マダム、あなたはいったい誰を悼《いた》んでいるのかね？」と皮肉を言いますが、シャネルは「貴方ですよ、ムッシュー」と答えたそうです。その言葉通り、ポワレとその服はシャネルによって「過去の遺物」となったのです。

WORDS OF COCO CHANEL 29

違和感がアイデアの原点になる

女性はいつも贈り物の香水をつけているけれど、
自分で香水を選ぶべきだ

▼『ココ・シャネルの真実』

ココ・シャネルに成功と名声をもたらしたものはいくつもありますが、なかでも有名なのが1921年5月5日に発表された香水の「シャネルの5番」です。

ディミトリ大公を通じて知り合ったモスクワ生まれのフランス人調香師エルネスト・ボーの協力を得て誕生した「シャネルの5番」は、香りはもちろんのこと、ボトルデザイン、名称などそのすべてにおいて革新的なものでした。

当時の香水は、花や草木など自然の香りを使用していましたが、シャネルはそこに人工的な香料なども加えることで、それまでにない新しい香りを実現しています。なぜ香水なのか? その理由の一つはシャネル自身、「フロリスの甘い梨」という香水を贈られたものの、自分には合わなかったからです。とはいえ、女性に香水は欠かせないものだったため、女性自身が選び、心地よく感じられるものが必要だったのです。

シャネルの考え方の基本は、まず自分の嫌いなものを排除することです。そして、その代わりに自分が必要とする、女性たちに採り入れてほしいものを作り上げることです。「シャネルの5番」は世界中で大ヒットし、今も世界一有名な香水として愛されています。

WORDS OF COCO CHANEL 30

今あるものへの嫌悪感が時代を作る

わたしはなぜモードの革命家になったのだろうかと考えることがある。自分の好きなものをつくるためではなかった。何よりもまず、自分が嫌なものを流行遅れにするためだった

▼『シャネル　人生を語る』

スティーブ・ジョブズがｉＰｈｏｎｅ作った理由の一つは、それまでの携帯電話の使いづらさに我慢がならなかったからです。また、イーロン・マスクが最高の電気自動車を作ることができたのも、それまでのゴルフカートのように不格好で、走行距離の短い電気自動車に我慢がならなかったからです。

ココ・シャネルはモードの世界に革命を起こしていますが、その根底にあったのはジョブズやマスクと同様に「これが嫌いで許せないから抹殺してやる」（『ユリイカ』）という強い嫌悪感があったからだといわれています。

シャネルが生まれた頃の女性のモードというのは、パリが繁栄したベル・エポックの時代の装飾的なモードでした。それに対してシャネルは目にするものすべてにうんざりさせられたことで、それらを一掃すべく、新しいものを次々に生み出していったのです。

もちろんそれらが多くの人の心をとらえたからこそできた革命ですが、だからこそシャネルは「皆殺しの天使」と呼ばれる、20世紀を代表するイノベーターでもあるのです。

「嫌い」は時代を動かし、革命を起こすための大切な出発点なのです。

WORDS OF COCO CHANEL 31

宝石は自分を高めるためのもの

宝石は社会的地位の一部。王冠のない女王は女王じゃない

▼『シャネル　人生を語る』

ココ・シャネルは宝石をじゃらじゃらと身につける上流階級の女性たちのことを苦々しく見ていました。「もし宝石が何かの記号であるなら、それは卑しさの、不正の、または老いの記号でしかない」(『シャネル哲学』)、「首のまわりに小切手をつけるのと同じこと」という辛辣な言葉を残していますが、宝石の価値を否定しているのではなく、ただ富の象徴として宝石を身につけることに対して嫌悪感を示していたのです。

そして、そんな女性たちへの挑戦状のように、1924年、世界で初めて模造宝石を使った「ビジュ・ファンデジコレクション」を発表し、流行を生み出したのです。

1936年にシャネルの店で従業員たちがストライキを決行し、店に入れなくなったシャネルは従業員と話し合うためにパールの首飾りをつけて店に入ろうとします。側近からは「マドモアゼル、宝石をおはずしください」と止められますが、「王冠のない女王は女王じゃない」と考えるシャネルは聞き入れませんでした。

シャネルにとって宝石とは、見せびらかすためのものではなく、ファッションを楽しむためのものであり、自分を高めるものだったのではないでしょうか。

WORDS OF COCO CHANEL 32

体験がものづくりのヒントになる

わたしはモードをつくるために外出したのではない、まさに外出していたからこそ外出のためのモードが必要だった

▼『シャネル　人生を語る』

ココ・シャネルは20世紀を代表する女性の一人で、ファッションの世界に一大革命を起こしたわけですが、なぜそれが可能だったのでしょうか？　シャネルはこう話しています。

「わたしより前のクチュリエたちは、仕立屋のように表に出ないで、店の奥に隠れている存在だった。だがわたしは現代の生活をした。自分が服を着せる人たちと物のやり方も趣味も必要も共有していた」

シャネルは若い頃、乗馬を好んでいましたが、当時の他の女性のように横座りで馬に乗るのではなく、乗馬ズボンを履き、ネクタイを締めて自ら馬の手綱をとっていました。ですから、必要なのはヒラヒラのドレスではなく乗馬服であり、それもバランスのいい綺麗なものでなければいけませんでした。

同様に自分自身がスポーツを楽しむために動きやすく着心地のいいスポーツ着を作っていますし、海水浴を楽しむために、熱い砂の上を裸足で歩かなくていいようにコルク底の靴を作ってもいます。

シャネルは誰よりも20世紀という時代を生きていました。だからこそ、自分のモードを作り上げ、時代を生きる女性たちの支持を得ることができたのです。

WORDS OF COCO CHANEL

33

時代とともにシンプルさが求められる

私が競馬場で見た女性たちは、頭の上に巨大なパイを載せていた

『ココ・シャネルの真実』

ココ・シャネルがパリに帽子店を開いたのは1909年、26歳のときです。

それ以前にお針子の経験はあったシャネルですが、帽子店で働いた経験はなかったため、婦人用帽子の専門家リュシエンヌ・ラバテの指導を受けましたが、1週間もすると彼女の技術を上回るようになったといわれています。

そして1910年にはより立地のよい場所に「シャネル・モード」をオープン、パリでも話題の店となります。それにしてもなぜ帽子だったのでしょうか?

シャネルはバルサンの愛人時代に競馬場によく行っていましたが、そこに集う女性たちがかぶっていたのは「羽根飾りや果物、房飾りで飾られた記念碑のよう」な帽子でした。そして、何より「帽子がきちんと頭に載っていなかった」ことに我慢ができなかったのです。

シャネルが作る帽子は大げさなデコレーションのないシンプルなもので、耳まできちんとかぶることができました。そんなシャネルの帽子に当時のモダンな女性たちが反応します。特に女優たちがシャネルの帽子をかぶって舞台や雑誌に登場したことで話題になり、たちまち人気を博します。シャネル栄光の時代の始まりでした。

WORDS OF COCO CHANEL 34

人はいくつになっても復活できる

ディオールがなんなのよ。彼は女性たちに服を着せてるんじゃなくて、飾りたてているんじゃないの

▼『ココ・シャネル　時代に挑戦した炎の女』

ココ・シャネルは1939年、第二次世界大戦の影響を受け、アクセサリーと香水部門を除いてすべての店を閉めてスイスに移住したことで、ファッションの世界では「過去の人」と見られていました。変化の激しい世界だけに、シャネルがいなくなれば、新しい才能が台頭するのは当然のことです。

シャネルに代わる新しいスターはクリスチャン・ディオールです。ディオールは元々、映画や演劇の衣装を手がけていましたが、1947年、42歳のときにパリ・モンテーニュ通りに店を開き、「あなたの服こそニュールックだ」と激賞されます。ディオールのデザインはウェストを極端に絞ったフレアスカートが基準の若々しいスタイルで、「ミス・ディオール」という香水も発売します。

シャネルは自分が一掃したはずのコルセットなどに再び女性が閉じ込められたことに我慢がなりませんでした。フランスのマスコミは「シャネルの時代は終わった」と書き立てますが、シャネルは自分がそれまでにやってきたことが台無しになるのを見て、70歳を過ぎてのカムバックを決意したのです。自分に対するプライド、そして怒りのエネルギーがシャネルを動かしたのです。

WORDS OF COCO CHANEL

35

当事者だからこそ求められるものがわかる

男性は活動する女性にどういう服を着せるべきかわかっていない

▼『ココ・シャネルの真実』

ココ・シャネルが15年のブランクを経てファッション界への復帰を決めたとき、シャネルの中にあったのは「女性の服をどうデザインすべきかを知っているのは自分だけ」という自負心だったのではないでしょうか。

当時、ファッション界でもてはやされていたのはクリスチャン・ディオールに代表される「ニュールック」でしたが、それは「見て美しく、触って心地よく、センセーショナルで、豪華で、ロマンティックであると同時に、現実からの逃避」であり、シャネルが追求してきた「今という時代を活動的に前向きに生きる女性」のファッションとは異なるものでした。シャネルは言います。

「男性は活動する女性にどういう服を着せるべきかわかっていない。本当に仕立ての良い服とは、女性が歩いたりダンスをしたり、乗馬したりできる服」であると。

一方、ディオールたちの考える「良い着こなし」とは、「着飾ること」であり、シャネルから見れば、それは女性のファッションが装飾的だった時代の名残にすぎませんでした。

女性を輝かせることができるのは自分だけだという自信と自負が、シャネルを表舞台へと復帰させたのです。

WORDS OF COCO CHANEL

36

個性はドレスではなく女性の中にある

奇抜さは、女性の中にあるべきで、ドレスにあるべきではない

▼『シャネル、革命の秘密』

ココ・シャネルが作り上げたファッションは「リトルブラックドレス」や「シャネルスーツ」がそうであるように、最新のファッションにありがちな奇抜さがありません。

〝ミニスカートの生みの親〟といわれるファッションデザイナーのアンドレ・クレージュは、自らのデザインをフェラーリに例えたのに対し、シャネルの服をロールスロイスに例えました。シャネルのスーツは「永遠に改善を加えられる」ものであり、決して時代遅れになることがなかったのです。

実際、シャネルは19世紀的な豪華さや無駄な装飾を嫌い、それらを葬り去るために新たなファッションを作り上げています。動きやすくシンプルだけれども美しいというのがシャネルの特徴です。

１９５９年のヴォーグ誌によると、「女性はドレスよりも重要」であり、ドレスが女性を支配するのではなく、ドレスは女性の個性を引き立たせるものというのがシャネルの変わらぬ考え方でした。個性や奇抜さというのは、ドレスによって外側からまとうものではなく、女性の内側にあるものなのです。

シャネルにとって輝くべきはドレスではなく女性なのです。

WORDS OF COCO CHANEL 37

不便さに着目するとアイデアが湧く

バッグを手にかかえていると、なくさないかと気になるのが嫌になって、（中略）バッグに革紐を通して肩にかけた

▼『シャネル　人生を語る』

ココ・シャネルが起こしたファッション革命の一つに、肩や腕にかけられるストラップつきのバッグがあります。〝伝説のバッグ〟といわれるシャネルのショルダーバッグ「2・55」が発表されたのは、シャネル復帰後の1955年のことですが、それよりはるか前の1929年から、シャネルは肩にかけるストラップつきのバッグを販売していました。

それ以前、女性のハンドバッグの中身は口紅などの化粧品やハンカチーフくらいでした。しかし、女性が社会で活動するようになるにつれ、財布や車の鍵なども入れる必要が出たため、当時のハンドバッグは役に立たなくなってしまったのです。それにいつもバッグを抱えていては両手を自由に使うこともできません。

そんな課題に解決策を示したのがシャネルです。軍人が肩から下げていたストラップからヒントを得て、バッグに革ひもを通し、肩にかけることで両手は自由になり、なくす心配もなくなりました。

また、バッグにはマチをたっぷりとって、内側にポケットをつければ、ものがたくさん入るうえ、格段に使いやすくなります。ファッショナブルで機能性も備えているショルダーバッグはシャネルだからこそ作ることができたものです。

WORDS OF COCO CHANEL 38

時代の変化から自分の使命に気づく

一つの世界が終わり、別の世界が生まれようとしていた。私はその二つの境にいあわせたのだ

▼『シャネル　人生を語る』

ココ・シャネルは間違いなく20世紀を代表する起業家であり、イノベーターですが、早くから「世界を変える」と考えていたわけではありません。

1909年、最初の帽子店を開いたとき、自立や自由を願い、成功を望んでいたものの、シャネル自身が言うように、「服が好き」というよりは「仕事が好き」で、その対象がたまたま服だったというのが本当のところです。

そんなシャネルだけに、「ファッション界に革命を起こしてやる」と意気込んでいたわけではありません。ただ、シャネルが本格的に仕事を始めた20世紀初頭は社会の変革期であり、その流れは徐々にファッション界にも及び始めていました。それが加速したのが第一次世界大戦であり、その時期、多くの女性が仕事につくようになったこともあり、女性たちのニーズと、シャネルの生み出すものがまさにぴったり合ったのです。

そのため、シャネルは「ラグジュアリーの死を目撃」（『シャネル、革命の秘密』）しただけでなく、19世紀の終わりを告げる役目を負うことになりました。やがてシャネルは「20世紀を服装に表す仕事が私に託された」と、自らの使命を自覚するようになったのです。

WORDS OF COCO CHANEL

第四章

シャネルのドレスが愛される理由

WORDS OF COCO CHANEL

39

才能を活かすには時の運も必要

私は正しい場所にいた。チャンスをつかまえた

▼『シャネル、革命の秘密』

どんな天才でも、成功するためには才能だけでなく「運」が必要です。時の利や地の利などの運が伴わなければ「早すぎた天才」「遅すぎた天才」となってしまうのです。その点でココ・シャネルは、まさにその才能を活かすに相応しい時代に生まれたといえるでしょう。

ヨーロッパを戦場に1914年から18年にかけて繰り広げられた第一次世界大戦では多くの男性たちが戦場へ駆り出されました。すると、残された女性たちはそれまで男性がやっていたことをやらなければならなくなり、それまで着ていた華やかな服とは異なる「身体を動かしやすい服」が必要になりました。それに、戦時中ともなると華美なものや贅沢は不適切と見られ、装飾的な格好をすることが難しくなっていたのです。

その頃、女性たちのニーズにぴったりものを作っていたのが、リゾート地ドーヴィルにブティックを構えたシャネルでした。シャネルは自身が好む「ゆったりとしたライン、身体を絞めつけすぎず動きやすい服」を、物資不足の中でも比較的手に入りやすいジャージー素材を使って作り、大成功させました。

シャネルは戦争という困難な時代の中でも見事にチャンスをつかまえたのです。

WORDS OF COCO CHANEL

40

制約があるときこそチャンスをつかめる

人は非常事態のなかで才能を表すものだ

▼『シャネル哲学』

リーダーとしての資質が試されるのは危機のときであり、危機に際して的確な方向性を打ち出せるからこそリーダーには価値があるといえます。

その意味ではココ・シャネルの才能は第一次世界大戦という非常事態の中でいかんなく発揮され、その後の大成功へとつながっています。

戦時中は男性にも女性にも、また富める人にも貧しい人にも多くの変化を強いることになります。男性は戦争に行き、女性は男性の代わりにたくさんのことをしなければいけなくなります。贅沢は不適切なものとなり、食べるものや着るものも倹約を求められます。当然のように過度に華やかな、かつ動きにくい洋服は排除され、代わりにシャネルが作っていた、元はスポーツやレジャーのためにデザインされたシンプルで快適な洋服が脚光を浴びることになります。

さらに物資不足の中、シャネルは粗末な素材と見られていたジャージーや、一番低級とされていたウサギの毛皮などに注目し、シンプルで上品な洋服を作り、大ヒットさせています。

戦争という非常事態の中、シャネルはたくさんの創意工夫によって大きなチャンスをつかんだのです。

WORDS OF COCO CHANEL

41

シンプルと貧しさは全く違うもの

「シンプル」と「貧しさ」を取り違えることほど
馬鹿なことはない

▼『シャネル哲学』

ココ・シャネルが作る帽子や洋服のデザインはシンプルです。当時、帽子といえば装飾過多なデザインばかりでしたが、シャネルの帽子は、色は黒、シルエットもミニマルで、大げさなデコレーションもほとんどありませんでした。

同様にシャネルが革命を起こした「リトルブラックドレス」も黒、さらにデザインも誰にでも着られるシンプルさを特徴としていました。

どちらのアイテムも大流行しますが、派手な色や装飾がないだけに、中には「貧乏スタイル」と批判する人もいたといいます。しかし、シャネルは「『シンプル』と『貧しさ』を取り違えることほど馬鹿なことはない。上質の布地で仕立てられ贅沢な裏地をつけた服が、貧しいはずはない」と反論したのです。

シャネルは、「シンプルというのは、はだしで歩くとか、木靴を履いたりすることじゃないわ、精神から来るもの、心から生まれてくるものよ」とも語っています（『シャネル　人生を語る』）。

帽子もドレスも、ただ簡素なのではなく、女性の魅力を引き出すためにデザインされています。シンプルでありながら、美しいというのがシャネルの最大の特徴といえるでしょう。

WORDS OF COCO CHANEL

42

想像を超えたものに人々は感動する

ファッションは街角をさまよっていて、存在しているのかどうかすら、わからない。私が表現して初めて姿を現すのよ

▼『ココ・シャネル革命の秘密』

ココ・シャネルの「リトルブラックドレス」は、ヘンリー・フォードが作り上げた自動車「黒のT型フォード」にたとえられるほど大ヒットしましたが、そのフォードはかつて「人々に何が欲しいかと尋ねたら、『もっと速い馬が欲しい』という答えが返ってきただろう」と語っています。

フォード以前、車は普通の人が買えるものではありませんでした。移動は馬に頼ることが多かっただけに、人々が望むのは「速い馬」でした。しかし、そこにフォードが普通の人でも手の届く車を作ったことで、人々は「こういうものが欲しかった」と気づいたのです。

シャネルの起こしたファッション革命も、それとよく似ています。豪華なドレスを着ることが当たり前だった人にとって、シャネルの作り上げたスポーティーかつ、おしゃれな洋服や帽子の数々は、それを目にして初めて「私たちが欲しかったのはこれなのだ」と感じさせるものばかりでした。

「欲しい」といわれたものをそのまま作るのは簡単です。

しかし、人々の想像をはるかに超えたものを提示したところにシャネルの新しさがありました。

WORDS OF COCO CHANEL

43

足し算ではなく、引き算で本当の美が生まれる

つねに除去すること。つけ足しは絶対にいけない

▼『シャネル哲学』

「完璧な設計だと分かるのは、付け加えるものがなくなった時ではなく、取り除くものがなくなった時」は『星の王子様』の作者サン＝テグジュペリの言葉です。

ものづくりの世界でしばしば起きるのが、新製品を作るとなると、あれもこれもと新しい機能を盛り込んだり、飾り立てたりすること。作り手としてはたしかにそれで満足するものの、使い手は使いもしない機能に高いお金を支払い、結局は多すぎる機能に辟易することになります。

こうしたやり方を嫌い、多くの機能にノーを言い、とことんシンプルさを追求したのがスティーブ・ジョブズです。ジョブズの作る製品がシンプルで美しく使いやすかったように、ココ・シャネルも過剰な装飾を取り去ったシンプルな美しさを大切にしていました。

「不必要なものをすべて取ってしまうの。私は前に進むわ。ファッションとは、時代を先取りすることよ」（『ココ・シャネル　時代に挑戦した炎の女』）にシャネルの考え方がとてもよく表れています。つけ足すのではなく、取り去る。それはデザイナーとしてはとても勇気のいることですが、その美学こそがシャネルに革命を起こさせたのです。

WORDS OF COCO CHANEL 44

選ばれないものには意味がない

デザインした服が町で広く着られなければ、ファッションは存在しないのと同じ

▼『シャネル、革命の秘密』

オートクチュールのデザイナーたちにとってコピー商品は悩みの種でした。自分たちが心をこめて作り上げたものがコピーされ安価な価格で大量に販売されることは大問題でしたが、ココ・シャネルは自分の服がコピーされることを必然と考えていました。

１９３３年、渡米したシャネルはニューヨークの高級デパートをいくつも見て回った後、7番街の衣料製造地区にある巨大なディスカウントストア、クラインに魅了されます。クラインはサミュエル・クラインが１９２２年に始めた、当時世界最大の婦人服の店でした。

お客は自分で服を選び、大部屋のドレスルームで試着を行います。店は陳列した服が2週間売れなければ価格を1ドル下げ、さらに2週間売れなければそこから1ドル値下げします。そして最終的にはわずか1ドルで売られる服もあったといいます。

それを見たシャネルは「コピーは避けられず、いずれ服はクラインのように売られるだろう」と予言したといいます。デザインした服は町で広く着られてこそ意味があり、サロンに飾られただけの服は「仮面舞踏会より意味がない」というのがシャネルの見方でした。

WORDS OF COCO CHANEL

45

これまでの功績を手放し次を追い求める

私は記憶を洗い流し、覚えているものすべてをきれいに消す必要があるの。前よりも良いものを作らなくては

▼『シャネル、革命の秘密』

ピーター・ドラッカーはかつて世界で最も時給が高いといわれたコンサルタントで、数多くのベストセラーを世に送り出しています。しかし、晩年を迎えてからも、「あなたの本の中で最高のものはどれか」と聞かれると、いつも「次の作品です」と答えていました。何かを成し遂げてなお、満足することなく「次」を追い求める姿勢がそこにありました。

ココ・シャネルは、しばしば「忘れる」ことの効用を説いています。

「私は忘れっぽい。でも、忘れることが好きなの。心を空っぽにすることで、創造することができたから」（『シャネル、革命の秘密』）

なぜ「忘れること」「記憶を洗い流すこと」にこだわったのでしょうか。

世の中には今あるものを少しずつ改良しながら前に進むタイプの人もいれば、自分が作り上げたものさえ否定するほどのイノベーションを起こす人もいます。シャネルは明らかに後者であり、次の作品を最高のものにするためには、あえて忘れることが必要だったのでしょう。やるべきこと、作ることが一旦終わったら、それをすっかり忘れて、次に向かい、よりよいものを作るのがシャネルの流儀でした。

WORDS OF COCO CHANEL

46

はかなく散る流行を恐れない

モードは死ななければならないし、ビジネスのためには早く死ぬ方がいい

▼『シャネル　人生を語る』

ココ・シャネルが同時代のデザイナーたちと違っていたのは、自分の作り上げたデザインを強固に守り抜くための意匠権に関心がなかったことです。

　シャネルによると他のデザイナーは、仕事を内密に行い、夕方、職人たちがアトリエを出るときには厳格な検査を行ったり、見本を隠したりすることに血眼になっていました。

　しかし、シャネルはコピーを恐れることはありませんでした。モードというのは絵画や文学、音楽のように「永遠の命」を与えられるものではなく、はかないものであり、そんなはかない命をどうやって守るというのか、というのがシャネルの考え方でした。そして、「1枚の服は悲劇でもなければ、絵画でもない。それは魅力的でつかの間の創造であって、不滅の芸術作品などではありはしない」と言い切っています。パッと生まれて流行し、パッと死んでいくからこそ新しいモードが誕生し、人々にもてはやされることになるというのです。

　そんなモードのはかなさを知るシャネルでしたが、シャネルの生み出したスタイルはすぐに散ってしまうことなく、時代を超えて100年後の今も多くの人々に支持されています。

WORDS OF COCO CHANEL

47

チャンスをつかむか逃すかは一瞬で決まる

ファッションとは、今ここを表現するもの。チャンスの神様には前髪しかないというけど、ファッションも同じよ

▼『シャネル、革命の秘密』

世の中に新たに登場し、大ヒットした製品を見て、「自分も同じことを考えていた」と言う人がいます。「自分には先見の明があった」「自分はすごい」と言いたいのかもしれませんが、ヒット製品を見て「同じことを考えていた」と言ったところで、自分が最初に作ったのでなければ何の意味もありません。

ココ・シャネルによると、ファッションは「時代の空気の中」にあり、風に乗ってやって来て、感じ取り、吸い込むことができるものだといいます。

みんなが同じ時代の空気の中で暮らしているのに、誰もがそれをファッションとして表現できるかというと、そうではありません。空気の中にあるものを感じ取った瞬間に、「これはとてもいいものだ」「今こそ、こういうものを作るべきだ」と形にして、世に送り出すことができるかどうかです。それが可能なのは一瞬であり、あとで形にしようと思っても、単なる時代遅れでしかないのです。

もしもシャネルが作らなかったとしても、いずれ似たようなファッションは生まれたかもしれません。しかし、時代の空気を感じられるシャネルだからこそ、時代に遅れることなく、世界的に流行するものを作ることができたのです。

WORDS OF COCO CHANEL

48

誰かに真似されることは誇りである

盗作をおそれるだなんて、何という硬直、怠慢、官僚趣味、何という創造における信念の欠如だろう！

▼『シャネル　人生を語る』

ものづくりの世界でしばしば起きるのが、あるヒット製品を他の企業が上手にコピーし、先行者以上の利益を実現すること。

世の中にないものを作り出すのは大変な労力がかかり、リスクもあるのに対し、模倣者はその成功を真似るだけで成功することができるのです。

シャネルが流行していた当時、あるパーティーではシャネルのスーツを着た女性が17人もいたにもかかわらず、ココ・シャネルの店で作ったものは1着もなかったといわれています。シャネルの作り上げたものは大ヒットしたものの、それ以上に他の業者によって露骨にコピーされていたのです。

本来、これは大問題なのですが、シャネル自身は「コピーされることは賞賛と夢をうけとること」(『シャネル哲学』)と気にすることはありませんでした。モードは移ろいやすく、永遠の芸術作品ではないとも考えていました。

そのため他のクチュリエたちがコピーに対抗する同盟を作り、コピーの排除に躍起となる中、シャネルは「彼らにとっての大問題であるコピーという問題が私には初めから存在していない」と与《くみ》することはありませんでした。

WORDS OF COCO CHANEL

49

最高の仕事でなければ革命は起こせない

技術は、必ず最良のものから出発しなければならない

▼『シャネル　人生を語る』

イーロン・マスクが電気自動車の時代を切り開くことができたのは、最初に発表した車が圧倒的に格好よく、走行距離や運転性能なども、他の電気自動車はもちろん既存の車を上回るほどの性能を誇っていたからです。価格は高くても圧倒的にすごい車を作ったからこそ「電気自動車はすごい」と誰もが認めることとなったのです。

ココ・シャネルによると、シャネルがもし飛行機を作るとしたら、とびきり素晴らしい飛行機から始めるといいます。最初にすごいものを作るからこそ人は驚き、感銘を受けます。そしてその後からシンプルなもの、実用的なもの、安いものへと変化を加えていくことで「モードは街へ降りてゆく」ことになるのです。

新しいものを作るなら「最良のもの」でなければならないというのがシャネルの考え方でした。最高の技術を駆使して作ったハイ・ファッションが革命を起こし、それをコピーする形で安いファッションも生まれてきます。ほどほどの技術で作られた、ほどほどの製品が革命を起こすことはありません。革命を起こしたければ、最初の製品はいつだって細部にまでこだわり抜いた、最良のものであることが大切なのです。

WORDS OF COCO CHANEL 50

類似品がオリジナルを超えることはない

東洋人はそっくりコピーし、アメリカ人は真似をするが、フランス人は再創造する

▼『シャネル　人生を語る』

モエ・ヘネシー・ルイ・ヴィトン会長ベルナール・アルノーは、フランスを代表するブランドを数多く抱える、世界有数の資産家ですが、元々は建設会社の若き社長でした。あるとき、アメリカでタクシーに乗り、運転手の「クリスチャン・ディオールなら知っている」という言葉を聞いて、フランスの高級ブランド品で勝負することを決意。有名ブランドを次々と買収し、今日に至っています。

ブランド王国フランスの礎を築いた一人であるココ・シャネルは「世界はフランスの創作によって生きてきたし、フランスの方でも他の国民が考え出した形を洗練させることで生きてきた」と言います。

シャネルが作り上げたものの多くは、その人気の高さからアメリカやアジアの国々でコピーされていました。しかし、シャネル自身はそんなことにこだわることなく、よりよいものを生み出すことに自信と誇りを持っていました。いくら巧妙に模倣しても、オリジナルの価値を凌駕することはできません。それがわかっているから、シャネルはコピーされることなど何の関心もないのです。シャネルの創造への自負こそがフランスを今もブランド王国たらしめているのです。

WORDS OF COCO CHANEL

51

他人ではなく、自分の力で歴史を塗り替える

他人に剥ぎ取られるぐらいなら、自分で剥ぎ取った方がましね

▼『シャネル　人生を語る』

「他人に食われるぐらいなら、自分で自分を食った方がいい」というのはスティーブ・ジョブズやジェフ・ベゾスといったイノベーターがよく口にする言葉です。

企業はある製品が大ヒットすると長くその製品に頼り、それを否定するようなものを作ることを躊躇します。結果、よそから来たイノベーターがさらにすごいものを作って、すべてを奪い去ります。それを防ぐには、偉大な製品を作った人間はあえてそれを否定するものを作らなければならないのです。

ココ・シャネルが起こした革命は、それ以前の豪華さや絢爛さを競うスタイルを否定し、新しい時代の女性のためにシンプルで動きやすく、上品なスタイルを作り上げたことにあります。豪華な布地に代わってジャージーを採用、女性の身体を自由にし、装飾だらけの帽子もシンプルなものにしています。

「私は古代ギリシアのリュクルゴスのようにばっさりと、豪華な布地を抹殺した」というのはシャネルの弁ですが、たしかにシャネルは、時代の変化や他人の力で装飾を剝ぎ取られるのではなく、自ら剝ぎ取り、それを流行へと変えるイノベーターでした。

WORDS OF COCO CHANEL 52

女性が洋服に合わせる必要はない

私は論理的な女だから理にかなった服しか作らない。ところが現在は面白おかしくグロテスクな服ばかり。それでは歩けもしなければ、走ることもできない

▼『シャネル哲学』

この言葉は15年余りのブランクを経て復帰したココ・シャネルのものです。たしかにクリスチャン・ディオールに代表される「ニュールック」は、時代を逆行するようで、シャネルの目からは理にかなわないものでした。

1910年代半ばからシャネルが発表するファッションが多くの女性の支持を得た理由についてヴォーグ誌が「（シャネルが作る服は）現代的な女性の生活にマッチしているからこそ、愛される。このデザイナーが作る服はシンプルで、時代に合い、なによりも若々しい」（『シャネル、革命の秘密』）と評論しているように、当時からシャネルの作る服は現代を生きる女性の生活にマッチした「論理的な、理にかなったもの」でした。

活動しやすく、動きやすいにもかかわらず、十分におしゃれ。シャネルは時代が求めていた、女性のための活動的な服を手がけた最初の一人でした。

シャネルから見れば、第二次世界大戦後に流行し始めたロマンティックなドレスやコルセット、足に負担をかけるハイヒールは「理にかなわない」ものでした。シャネルにとって自ら打ち立てた活動的な女性のためのスタイルは絶対に譲れないものだったのです。

WORDS OF COCO CHANEL 53

たとえ評価されなくても自分のスタイルを貫く

わたしにはよく分かったわ。みんなが時代遅れなのよ

▼『ココ・シャネルの秘密』

ココ・シャネルが1954年2月5日、カンボン通りの店で開いたコレクションはシャネルの15年ぶりの復帰ということで前評判は高かったものの、現実には「失敗」に終わることとなりました。

マスコミの酷評を受け、さすがのシャネルも「私の時代はもう過ぎ去った。私は遅れてしまった人間だ」とため息をつくこともあったようです。しかし、一方でコレクションの翌日、一人もお客が来ないことを知ると、「サロンで何の気兼ねもなく次のコレクションの仮縫いができる」と表向きは強気の姿勢を見せています。


世間ではクリスチャン・ディオールの「ニュールック」がもてはやされ、シャネルの名前は「シャネルの5番」でしか記憶されないという憂鬱な時間が過ぎていたものの、やがてシャネルは「わたしにはよく分かったわ。みんなが時代遅れなのよ。今にみんなにも分かる時が来る」という驚くべき結論に達します。

そして、その言葉通り、3回目のコレクションの後、大きな成功がアメリカからやって来て、シャネルは再び栄光を取り戻しました。評価を求めて自分のスタイルを変えなくても、自信を持ち続けていれば、時代はついてくるのです。

WORDS OF COCO CHANEL

54

何歳になっても新しい波の先端にいる

わたしは来るべきものの側にいたい。そのためならどこへでも行く。馬を乗りかえるように、全社会を乗りかえる覚悟がある

▼『シャネル　人生を語る』

ココ・シャネルは第二次世界大戦が勃発した1939年にアクセサリーと香水部門を除くすべての店を閉め、終戦の年の1945年にスイスに移住しています。このあたりの行動についてはナチスとの関係などさまざまに語られていますが、シャネル自身、生まれ育ったフランスだけでなくヨーロッパから他のどこかに移ることも考えていました。

シャネルは、ヨーロッパが新しく生まれ変わるならついていくけれども、古いままで、もっと貧しく、もっとつまらない世界になったら出ていきたい、と思っていたようです。

世界が認めていた「モードはパリ」でなくなってしまったら、そこにいる意味がなくなるからです。

「明日やって来る新しい波からヨーロッパは取り残されてしまうような気がする。それこそ真の悲劇よ。わたしは来るべきものの側にいたい」

シャネルは当時、そう語っています。

新しい流行がパリではなく、アメリカで生まれるなら、アメリカに行き、そこで新しいファッションを作り上げたい。シャネルは60代になってなお「起こっている出来事の一員でいたい」という情熱を持っていました。

WORDS OF COCO CHANEL 55

語るべきは過去の栄光より未来の自分

私にとって、一九五七年は、もう興味がないの。
もはや過去だから

▼『シャネル、革命の秘密』

ココ・シャネルが長いブランクを経て新しいコレクションを発表したのは1954年のこと。満を持しての復帰でしたがフランスでは酷評の嵐でした。

一方、アメリカのヴォーグ誌やライフ誌はシャネルを高く評価、1957年にはファッション界のオスカーといわれるニーマン・マーカス賞を受賞し、アメリカを訪問しています。この年はシャネルにとって栄光の年となりました。

当初、クリスチャン・ディオールが先に受賞していたためシャネルは受賞を拒否していましたが、アメリカの百貨店ニーマン・マーカスの15周年だったことや、冷淡なフランスと違い、アメリカが復帰を熱狂とともに迎えてくれたことで受け入れることに決め、渡米しています。

そのとき、シャネルはすでに74歳でしたが、こんな言葉を口にします。

「私にとって、一九五七年は、もう興味がないの。もはや過去だから。興味があるのは、一九五八年、一九五九年、一九六〇年よ」(『シャネル、革命の秘密』)

年齢を重ねると人はどうしても過去の思い出話や栄光を語りたがるものです。しかし、シャネルは創造者であり、年を重ねてもいつも前だけを見ていました。

WORDS OF COCO CHANEL

第五章

シャネル流 お金の美学

WORDS OF COCO CHANEL

56

仕事に対する情熱はお金より価値がある

最初にお金がほしいと思う。それからだんだん仕事が好きになる。仕事はお金よりも強い味わいを持っている。究極的には、お金は自立のシンボルでしかなくなる

▼『シャネル、革命の秘密』

ココ・シャネルは、貧しい生い立ちから人生をスタートさせたために、長くお金とは無縁の生活をしていました。

成功のきっかけとなった帽子店もエティエンヌ・バルサンやアーサー・カペルの援助があってのことですが、だからこそ、独立してお金を稼がなければならないという考えを早くから持っていました。

シャネルはムーランの寄宿学校時代、洋裁店でお針子をする一方、歌手としての成功も夢見ていました。そのため音楽教師のレッスンなどを受けますが、その謝礼を払い、貸衣装を借り、日々の生活費を支払うと手元にはお金などほとんど残りません。

そこでシャネルは「自分ももっと金儲けに精を出すべきではないか」（『ココ・アヴァン・シャネル』上）と考えるようになります。

目指した歌手の道は挫折したものの、やがて帽子店の成功などを経て、シャネルは多額の利益を手にします。

しかし、その成功をもたらしたのは、シャネルの仕事に対する熱い情熱でした。

きっかけは「お金がほしい」でしたが、シャネルにとって仕事はお金よりはるかに価値あるものとなったのです。

WORDS OF COCO CHANEL

57

女性の価値は身につけている宝石では決まらない

首のまわりに小切手をぶらさげるなんて、シックじゃないわ

▼『シャネル　人生を語る』

ココ・シャネルがファッションの世界に持ちこんだものの一つに精巧な模造品、いわゆる「コスチューム・ジュエリー」があります。

1924年、アクセサリーの工房を作ったシャネルは、シンプルな装いにパッと目を引くジュエリーをあしらいますが、そこには高価な宝石や貴金属とともに、コスチューム・ジュエリーも含まれていました。時に不自然なほど大きな石を使うことで、それがイミテーションであるとあえてわかるようにすることもありました。

理由は高価な宝石を好む女性たちを「首のまわりに小切手を付けているようなもの」と苦々しく思い、「高価な宝石は、それを身につける女性を美しくするわけではないわ。(中略) 宝石の力を借りて輝こうと躍起になること自体、うんざりね」(『シャネル、革命の秘密』) と嫌っていたからです。

どんなに高価な宝石をつけようとも、その女性の服装や生き方がしゃれたものでなければ意味がありません。シャネルは富や高価な宝石を否定したわけではありませんが、富や宝石によって女性の価値が左右されるのではないことをはっきりと示したのです。

WORDS OF COCO CHANEL

58

お金は自由をもたらしてくれるもの

わたしがお金に執着したのはプライドが高かったからで、物を買うためではなかった。（中略）自由を買い取り、何がなんでも自由を手にしたいと思っていた

▼『シャネル　人生を語る』

「世界一の投資家」で10兆円を超える個人資産を持つウォーレン・バフェットは若い頃から「大金持ちになりたい」と願っていましたが、その理由は贅沢をしたいためではなく「自立したい」からでした。実際、手にした大金の多くは慈善事業に使われ、その私生活は今も質素なものです。

ココ・シャネルは孤児同然の生まれであり、お金とは縁のない育ちです。そのため当時の常識からはある程度のお金を持つ人と結婚しない限りは、将来的にお金に困ることがはっきりしていました。つまり、人並みの生活ができるかどうかは夫次第だったのです。

しかし、それは誇り高いシャネルには我慢のできないことでした。お金のために愛のない夫と我慢して暮らすより、「自立」してお金を稼ぎ、「自由」を手にしたい。それがシャネルの若い頃からの願いだったのです。

人生にお金は不可欠です。しかし、その目的は贅沢をしたり、豪華な暮らしをしたりするためではなく、本物の愛と自由を手にするためというのがシャネルの願いでした。

だからこそシャネルは懸命に働くことができたのです。

WORDS OF COCO CHANEL

59

「どう稼ぐか」ではなく「どう使うか」

お金は儲けるために夢中になるのじゃなくて、
使うためにこそ夢中になるべきよ

▼『シャネル　人生を語る』

ココ・シャネルはメゾン・シャネルの成功により多額のお金を得ました。しかし、お金に執着することはなく、そのお金を多くの芸術家たちの援助に使っています。たくさんの天才たちと親しくつきあいましたが、彼らの作品を買い集めてコレクションすることもなかったといいます。

シャネルはこう言い切っています。

「お金を持っている人間はそれを使うがいい。わたしがやったように。わたしにとってはお金とは、自由を意味する以外のものでは決してなかった」(『ココ・シャネルの秘密』)

お金に強い執着を持つ人はやたらお金持ちとつきあいたがるものですが、シャネルはお金持ちでも「死ぬほど私を退屈させる人」とは会おうとしませんでした。また、「お金のことしか口にしない人にはうんざりさせられる」とも話しています。お金は貯め込むものではなく、上手に使うものであり、「私はお金の使い方で人を判断する」というのがシャネルの流儀でした。

理由は、お金の使い方には人間の品性が表れるから、というものでした。「どれだけ稼いだか」より「どう使ったか」が重要なのです。

WORDS OF COCO CHANEL 60

お金は困った人を助けることができる

お金を持っていれば、自分が愛している人々を、何かいうべきものを持っている人々を助けることができる

▼『ココ・シャネルの秘密』

ココ・シャネルはファッションの世界で大成功を収めて得たお金で多くの芸術家たちを支え続けました。

1920年代のパリは「レザネフォール（狂乱の時代）」といわれ、多くの芸術家が集まっていましたが、彼らのミューズだったミシア・セールと出会ったことがシャネルの転機となります。

シャネルが最初に支援したのはロシアバレエ団のプロデューサー、セルゲイ・ディアギレフでした。

1920年、『春の祭典』の再演を目指すディアギレフは資金難に苦しんでいましたが、それを知ったシャネルは希望をはるかに上回る額の小切手を手渡します。そのお陰で『春の祭典』の再演は大成功します。

以来、シャネルは作曲家のイーゴリ・ストラヴィンスキーや、パブロ・ピカソ、ジャン・コクトーなどのちの天才たちを支援、ディアギレフが亡くなった際には自ら葬儀を取り仕切って費用も負担しています。

シャネルの支援がなければ才能を知られることなくこの世を去った芸術家もいたことでしょう。手にしたお金は美を創造する人のために惜しみなく使う。それがシャネルの生き方でした。

WORDS OF COCO CHANEL 61

権利を奪われたときは主張せよ

私は、人生ですでにたくさんのお金を儲けたけれども、ご存じのように、たくさん使ってしまった。でも、今回、あなたのおかげで、もう働かなくてすむのよ

▼『シャネル、革命の秘密』

ココ・シャネルが作り上げた「シャネルの5番」は、1921年の発売から今日に至るまで世界的な人気商品であり続けてきました。

しかし、そこから得る利益に関しては、シャネルの「五本の指でしか計算したことがない」（『ココ・シャネルの真実』）という経済観念のなさが影響して、シャネルにとってさほどの利益が得られなかったこともあれば、十分な利益を手にしたこともあります。

シャネルは1924年、ピエール・ヴェルテメールとともに「シャネル香水会社」を設立しました。このとき、シャネルは「あなたたちのビジネスに私が関与する気はないわ。（私の取り分は）株の10％でいい」と伝えます。

ところが、シャネル自身は期待ほどの利益が得られなかったことで、ヴェルテメールを訴えます。しかし、1947年、シャネルは裁判によって「世界中の総売り上げの2％のロイヤリティ」という権利を勝ち取ります。これは「働かなくてすむ」ほどの好条件でした。

お金に執着しなかったシャネルですが、それでも自らの権利は徹底的に主張しました。それは利益の問題ではなく、失われたプライドの回復のためだったのです。

WORDS OF COCO CHANEL

62

お金には人生を狂わせる力がある

お金への執着というのは生理的なもの、病気のように襲ってくるものよ

▼『シャネル　人生を語る』

執着しすぎると、人生を狂わせかねないもの――それが「お金」です。

ココ・シャネルがヴァカンスでロックプリュンヌの別荘にいたとき、こんなことがありました。

シャネルは会計士のアルセーヌを別荘に呼び寄せます。彼は家族とともに、3日間、シャネルの別荘で過ごしました。

アルセーヌがスモーキング※を新調し、一度は袖を通したいと願っていたことを知ったシャネルは、最後の晩に彼をモンテカルロのカジノに招待します。アルセーヌは勝ち続けて1年分の給与にあたる額を手にしますが、それを見届けたシャネルは一人、別荘に帰りました。

ところがアルセーヌは、翌朝、意気消沈して帰ってきます。一時は大金を手にしたものの、すべてを失って、仕方なく帰ってきたのでした。

それから2カ月後、シャネルは会社の会計に大きな穴が開いていることを知ります。犯人はアルセーヌでした。アルセーヌはカジノの面白さが忘れられなかったのか、二度もモンテカルロを訪れ、カジノに通っていたのでした。

それ以来、シャネルはお金という「味気ない宝」に向かう「おぞましい執着心」を嫌うようになったのです。

※タバコを吸うときにニオイがつかないように服の上に重ねて着たもの。タキシードを指すこともある。

WORDS OF COCO CHANEL 63

お金を稼ぐことは人生の目的ではない

金は人生を飾る楽しみをあたえてくれる。だが金は人生ではない

▼『シャネル　人生を語る』

「利益は企業の血液だが、企業の存在理由ではない」は、アマゾンの創業者ジェフ・ベゾスの言葉です。ベゾスは利益の必要性を否定しているわけではありません。実際、今のアマゾンは高収益企業ですし、ベゾスも世界を代表する大富豪の一人です。

しかし、元々は利益よりも顧客サービスを重視し、そのための投資を赤字覚悟で続けました。その結果が今日の成功につながっているのです。

ココ・シャネルは成功した起業家であり、たくさんのお金を手にしましたが、「お金は美しいものではなく、便利なもの」として、お金に執着することはありませんでした。

それどころか、多くの芸術家たちとの交流を通じてその才能に投資するなど、文化事業のために多額の援助をしています。

シャネルにとって、お金は宝石と同様に、自由をもたらし、人生を飾る楽しみを与えてくれるものでした。少なくとも執着したり、貯め込んだりするようなものではなかったのです。

シャネルはお金に支配され、服従するような人生を嫌いました。

お金は手段であり、目的ではない。それこそが、ココ・シャネルの信条だったのです。

WORDS OF COCO CHANEL 64

お金があれば対等な関係を築ける

世界一金持ちの男とつき合うのは、一番お金のかかることだ

▼『シャネル哲学』

ココ・シャネルが40代になり真剣に交際したのは、イギリス一どころか、ヨーロッパ一の富豪といわれるウェストミンスター公爵でした。

ウェストミンスター公爵の持つ富は本人さえよくわからないほど膨大なものでしたが、ファッションの世界で大成功していたシャネル自身も富と名声を手にしていました。それだけに、普通の女性と違って「何が何でも」と相手に夢中になることはありませんでした。そしてそんなシャネルは、公爵にとってかえって魅力的に映ったのです。

ウェストミンスター公爵は「寵愛のしるし」として、シャネルにラブレターや花、フルーツをふんだんに届けさせました。さらに贈った野菜カゴの下にエメラルドを忍ばせることまでしています。ときには自分自身で大きな花束を抱えてシャネルの邸宅を訪れたことさえあったといいます。

それはシャネルによると「もう二度とお目にかかることはないような贅沢」(『ココ・シャネル　時代に挑戦した炎の女』)でしたが、シャネルは豪華な贈り物を受け取るたびに、それに見合う贈り物を返しています。それはシャネルのプライドのなせる業《わざ》でした。

WORDS OF COCO CHANEL

第六章

ありのままの自分を見せる

WORDS OF COCO CHANEL 65

欠点を上手に活かせば「個性」になる

欠点は魅力のひとつになるのに、みんな隠すことばかり考える。欠点をうまく使いこなせばいい

▼『シャネル哲学』

過去の出来事は変えられませんが、見方を変えれば悲しい出来事も自分にとって価値ある出来事に変えることができます。同様に人間の性格や欠点も、見方を変えれば好ましいもの、長所に変えることができるのです。

ココ・シャネルが社会に出たのはちょうど世紀が変わる頃でした。子ども時代を修道院で暮らしたこともあり、22歳なのに小柄でやせており、10代にしか見えなかったといいます。

当時の美の基準からすれば、やせぎすでひょろりとしたシャネルは決して高得点とはいえなかったでしょう。

けれども、自分の好みに合うシンプルで活動しやすい洋服を着て、髪をショートカットにしたことで、それが個性として確立されました。

「やせて見栄えのよくなかった女性」は「ボーイッシュで洗練された女性」へと進化したのです。

シャネルは言います。「なぜ、みんな隠すことばかり考えるのか」と。

人は誰しも何らかの欠点を持っていります。しかし、それを隠すのではなく、うまく利用すればいい。それがシャネルの考え方でした。欠点を上手に活かせば、それが「個性」になるのです。

WORDS OF COCO CHANEL

66

常識は従うものではなく変えるもの

日焼けした肌に真っ白なイヤリング、それが私のセンス

▼『シャネル哲学』

ココ・シャネルは、ファッションだけでなく生活スタイルにおいても、それまではタブーとされていたことを大胆に打ち破りました。

1920年代、女性にとって日焼けした肌は貧しさの象徴でした。日差しの下で労働する女性だけが日焼けをして、働く必要のない女性たちは豪華な服で肌を隠していたからです。ところが、「肌を焼くことは、ヴァカンスを楽しめる特権階級のしるし」であり、「青白い肌は貧しさの象徴」だと従来のイメージをひっくり返したのがシャネルでした。

海辺で夏を過ごし、日光浴を楽しんだシャネルは小麦色の肌に映えるような、真っ白なパールのイヤリングをつけるのが好きでした。あるとき、海辺のサン・ジャン・ド・ルッツから友人にこんな手紙を出しています。

「過酷な暑さで、私がつれてきた裁縫師たちは日焼けで醜く、痛々しいわ。私自身もザリガニみたい」（『シャネル、革命の秘密』）

ウェストミンスター公爵と交際していた頃も公爵と船旅を楽しんだシャネルは日焼けして、若々しく健康的でした。自分の美意識を信じて行動を起こせば常識は変えられるのです。

WORDS OF COCO CHANEL 67

憧れの人の行動は誰もが真似したがる

私は自分の髪を切っただけ。それを見た人が髪を切り出した。それだけのこと。でも、私が変わったことによって、スタイルが生まれた

▼『シャネル哲学』

ココ・シャネルが髪をバッサリと切って、ショートスタイルになったのは1917年、34歳のときです。それまでにも髪を切った女性はいましたが、1908年にダンサーのカリアティスが髪を切ったときには、ほとんどの人が彼女を変人扱いしたのに対し、シャネルが髪を切ったときには大いに注目され、真似されました。

それまでシャネルは腰まで届く長く豊かな黒髪を編んで、頭のまわりに巻きつけて結っていましたが、「古臭いと思っていた典型的な女性の姿に別れを告げる」べく、大胆に髪を切っています。シャネル自身はその理由を「うるさいから」と言っていますが、そこには旧時代との決別という意味もあったのでしょう。

すでにシャネルの服、シャネルの好むスポーツ、出没スポットなどは、おしゃれな人たちの関心の的になり始めていました（『シャネル、革命の秘密』）。それだけに、シャネルのやったことを真似する人も多く、やがてそれが一つのスタイルとなっていきます。ヘアスタイルもその一つでした。

シャネルの作った洋服だけでなく、シャネル自身もまた多くの女性にとって憧れの存在だったのです。

WORDS OF COCO CHANEL 68

見えないアイテムこそ本当のおしゃれ

香水は貴方がキスしてほしいところにつけなさい

▼『シャネル哲学』

ココ・シャネルが生み出した「シャネルの5番」を一躍有名にしたのは、1952年8月にライフ誌に掲載されたマリリン・モンローのインタビューでしょう。

「寝るときには何を着ますか」と質問されたモンローは、「シャネルの5番を数滴」と答えたのです。これにより、さらに多くの人がこの香水の存在を知ることになりました。

「シャネルの5番」が誕生するまで、香水は男性が女性に贈るものでした。しかし、シャネルは女性が本当に必要とする「見えないアクセサリー」を作り出そうとしたのです。

その願い通り「シャネルの5番」は世界的なロングセラーとなったのです。1947年、アメリカを訪れたシャネルは、若い女性記者から「香水はどこにつけるべきでしょう?」と聞かれ、「貴方がキスしてほしいところにつけなさい」と答えています。

当時、シャネルはドレスのデザインからは引退していましたが、「シャネルの5番」をはじめとする香水事業には関わり続けていました。自分のためのおしゃれである「香水」は、シャネルにとって、特別なものだったのです。

WORDS OF COCO CHANEL

69

だらしなさは香水では隠せない

醜さは許せるけど、だらしなさは絶対許せない

▼『シャネル哲学』

ココ・シャネルが世に送り出したものの中で、最も成功したものの一つが香水です。

香水の歴史は非常に古いものですが、シャネル以前の香水が体臭を消すための役割も果たしていたのに対し、シャネルは「清潔な女性の身体が匂い立つような香水」(『シャネル、革命の秘密』)を求めました。シャネルはここでも古い時代の習慣を断ち切ろうとしたのです。

シャネルは社交界の女性について、「写真で見ると綺麗だけど、夜会服に身を包んだあの女性たちは、汚いのよ。驚いた?」と評しています。

もちろんすべての人が不潔だったわけではありませんが、シャネル自身が神経質なほどの清潔好きだったこともあり、不潔さや汚さ、だらしなさを隠すための香水を嫌いました。

そして、「若くて前向きで、ファッショナブルで魅力的な、自立した女性」のためにこそ香水を作りたいと考えていたのはたしかで、「石鹸を使わないのなら、香水も使ってはいけない」と言い切っているほどです。

自分自身を内側から整えてこそ、素敵なファッションやアクセサリー、香水がその人の魅力をより際立たせるのです。

WORDS OF COCO CHANEL 70

女性の膝は他人に見せるべき場所ではない

今日のファッションはスカート丈のことばかり気にしている

▼『シャネル、革命の秘密』

1959年、イギリスのストリートデザイナーのマリー・クヮントがミニスカートを発売するとたちまち大ヒットします。そして1965年にフランスのアンドレ・クレージュがミニスカートを手掛けたことで世界的な流行へとつながり、日本でも1967年にイギリスのモデル、ツイッギーが来日したことで大ブームとなりました。

しかし、ココ・シャネルは、女性の膝は「最も醜い場所」であり、露出するべきではないと考えていました。

ですから、流行に合わせてスカート丈を短くするべきだとアドバイスする人には「膝ですって、見るに耐えないわね。赤くなってるじゃない。隠すべきよ」と批判し、「流行というものは巷に広まっていく場合はいいけれど、巷からやってくるものはダメね」（『ココ・シャネル 時代に挑戦した炎の女』）と言って、膝が隠れる丈のスカートにこだわりました。

シャネルにとって、ファッションは見る人を面白がらせるものではなく、女性を輝かせるものです。膝や脚を露出するミニスカートは「女性を笑いものにしたがる、女性を嫌う男性が作っている」ものだと否定し、決して流行を追うことはありませんでした。

WORDS OF COCO CHANEL 71

磨くのは外見より内面の美しさ

二十歳の顔は自然がくれたもの。三十歳の顔は、貴方の生活によって刻まれる。五十歳の顔には、貴方自身の価値が現われる

▼『ココ・シャネルの秘密』

「男の顔は履歴書だ」という言葉があります。男の顔にはその人の人生が刻まれる、という意味ですが、これは男女を問わず、真実ではないでしょうか。

年齢を重ねると、その人の生きざまや心の持ちようがおのずと顔（外見）に表れるのです。

ココ・シャネルも同様のことを言っていました。

「二十歳の顔は自然がくれたもの。三十歳の顔は、貴方の生活によって刻まれる。五十歳の顔には、貴方自身の価値が現われる」

シャネルは「美は逃げ去るもの」であり、どれほど若くあろうと抗っても、「自然はいつも努力を凌駕する」と言い切っています。では、どうすれば年齢を重ねても美しくいられるのでしょう？　シャネルはこう言っています。

「たるんだ皮膚を叩いたりしても無駄、内面を磨いた方がよほどましよ」

「美しさは永続する。だが、ただきれいなだけというのは長く続かない」（『シャネル　人生を語る』）だけに、シャネルは大切なのは「精神的な美しさ」であると考えていました。

内面の美しさこそが、その人の魅力を作っていくのです。

WORDS OF COCO CHANEL 72

メイクは自分を輝かせるためのもの

化粧は、他の人のためにするのではなく、自分のため

▼『シャネル哲学』

大学に入学して以来、化粧をするのが面倒で、ずっとノーメイクで通学していた女性がいました。先輩の女性に、なぜ化粧しなければならないのかと悩みを打ち明けたところ、「化粧が自分のためだと思えるようになるといいね」と言われ、悩みが吹っ切れた、という記事を読んだことがあります。

誰かの視線を意識しながらでは意味が感じられなかった化粧も、鏡の中の自分を見て、「今日の私、なかなかいいじゃない」と思えるようになった途端、楽しくなったというのです。

ココ・シャネルは洋服や香水、バッグやジュエリーのほか、スティック型の口紅を初めて世に出しています。

赤い口紅はシャネルのトレードマークとして知られていますが、「目が魂を映し出す鏡なら、唇は心の代弁者」(『シャネル哲学』)といった何ともしゃれた言い方をしています。

その言葉を裏づけるように、シャネルは晩年、仕事のない日曜日でもきちんと化粧をしていたといいます。

「化粧は、他の人のためにするのではなく、自分のため」がシャネルの信条でした。化粧には自分を輝かせ、自信を与える力があることを知っていたのです。

WORDS OF COCO CHANEL 73

人生を変えたければ服装から

避難民のような格好で歩きまわるのは大間違い。それでは人から避けられることになる。関わりを持ちたいのなら、裕福に見せることが大事

▼『シャネル、革命の秘密』

ココ・シャネルは男性が着る作業服やスポーツウェアからヒントを得たり、ウェストミンスター公爵との交際を経てイギリス的なスタイルを取り入れたりと、さまざまな出会いから女性の新しいスタイルを生み出しています。

1917年にロシア革命が起こり、多くの亡命者たちによってパリにロシア文化がもたらされたときも、シャネルはディミトリ大公（ロシア最後の皇帝ニコラス二世の従弟）の姉であるマリア・パヴロウナを通してロシア刺繍を取り入れています。

亡命したマリアは経済的に困窮しており、シャネルに服の刺繍を安価で引き受けると申し出ますが、シャネルは困難な運命を自分の力で切り開こうとする彼女の姿勢に感銘を受けました。

生きる道を模索していたマリアに、シャネルは「避難民のような格好で歩きまわるのではなく、裕福に見せることが大事」と説きます。そして彼女の見栄えのしない髪をカットし、外見を整えるよう提案したのです。

孤児から自力で成功を手にしたシャネルは、マリアにとって「人生についての現実的な見方」を教えてくれる存在でした。

WORDS OF COCO CHANEL

第七章

限られた人生の時間をどう使うか

WORDS OF COCO CHANEL 74

読書こそ生涯の友である

私のいちばん美しい旅は、この長椅子でする旅よ

▼『芸術新潮』

トーマス・エジソンやウォーレン・バフェットなど成功した偉人たちの中には子どもの頃からの無類の読書好きがたくさんいます。ココ・シャネルも子どものの頃から読書が大好きな子どもでした。

もちろん貧しいシャネルに本を買うことはできませんでしたが、叔母の家にある新聞の連載小説を切り取って縫い合わせたものを熱心に読んでいました。その効用を「恋愛小説が私に人生を教えてくれ、感性とプライドを育ててくれた」と振り返っています。

やがてエティエンヌ・バルサンの愛人となったシャネルは一日中ベッドで小説を読みふけるようになりますが、ここでも「小説を通して人生を学んだ。人間を左右する不文律が書かれていた」(『シャネル、革命の秘密』)と前向きに評価しています。幼い頃、しっかりとした教育を受けなかったシャネルは手紙を書くことは得意ではなかったといいますが、それでも読書はシャネルにさまざまなことを教え、生涯の友となっています。

昼間は仕事、夜は部屋で読書に没頭したシャネルは、「私のいちばん美しい旅は、この長椅子でする旅よ」とも話しています。読書には生涯をかけて取り組むに値する価値があるのです。

WORDS OF COCO CHANEL 75

強い個性はお互いに響き合う

あの人たちはみんなお互いにとてもきびしかった。まったく人に諂《へつら》うということがなかった。彼らはわたしを夢中にさせた

▼『ココ・シャネルの秘密』

ココ・シャネルはロシアバレエ団のセルゲイ・ディアギレフを援助して以降、多くの芸術家たちと親交を深めました。その中には画家のパブロ・ピカソやサルバドール・ダリ、そして詩人のジャン・コクトーといった歴史に名を残す天才たちがいました。

シャネル自身は、彼らが有名だからつきあったわけではありません。有名になる以前から交流を始め、さまざまな支援を行っています。

実際、シャネルはこう言っています。

「ピカソが天才かどうか、わからない。よく会う人を天才なんてあまり言わないし」（『シャネル　人生を語る』）

親交のあった芸術家たちが有名だったかどうかは関係なく、シャネルが彼らの才能を認め、その情熱にとりつかれていたのは確かなようです。

シャネルは「個性の強い人間と気が合う」と話していますが、彼女自身が才能あふれる個性の強い人間だっただけに、自分と同じような人間に自然と惹きつけられていったのでしょう。

強烈な個性を持っている人は、同じようなキャラクターの人を引き寄せます。刺激を欲するのなら、自分自身も魅力のある人物にならなければならないのです。

WORDS
OF
COCO
CHANEL

76

働く必要のない優雅さより
休まず働く楽しさを

私は無為で富みすぎているこの汚れた退屈さに
うんざりしていた

▼『シャネル哲学』

ココ・シャネルはエティエンヌ・バルサンやアーサー・カペルの愛人であったときも何もせず時間を過ごすのが嫌で、最初は乗馬にのめり込みました。そして、帽子店を開いてからはひたすら仕事に打ち込んでいます。カペルがそんなシャネルを支援したのは、カペル自身が自力で財産を築く男だったからです。

一方、シャネルが40歳を過ぎて交際していたウェストミンスター公爵は、ヨーロッパ一の大金持ちで、働くことに対する関心はほとんどありませんでした。

豪華な贈り物に囲まれ、釣りやヨットに興じる生活はそれなりに楽しいものだったのかもしれません。

しかし、仕事が大好きなシャネルにとって、「働かない男」というより、そもそも「働く必要のない男」との優雅な生活は、退屈で物足りないものでした。

ウェストミンスター公爵との親密な交際が終わった後、こう話しています。

「私は無為で富みすぎているこの汚れた退屈さにうんざりしていた。長い休暇はようやく終わった。その休暇は私には高くついた」

仕事に情熱を傾け、休まないことで成功してきたシャネルにとって退屈は耐えがたいものでした。

WORDS OF COCO CHANEL

77

「退屈な時間」を過ごす余裕はない

私はずいぶん騒がれた存在になったが、夜はめったに外出しなかった。だからかえって、みんなに求められたのだろう

『シャネル哲学』

ココ・シャネルが有名になると、「親しくなりたい」という人たちからさまざまなアプローチを受けるようになりました。しかし、シャネルがその誘いに乗ることは滅多になかったようです。

「お金のことしか口にしない人にはうんざりさせられる。だからわたしは出かけなくなったのよ」（『ココ・シャネルの秘密』）

シャネルは多くの画家や作家、芸術家たちと親しくつきあっていますが、彼らはお金持ちだったわけではありません。

シャネルは援助する側でしたが、彼らから芸術について学ぶことが「気持ちのいいことだった」と語っています。

一方で、お金を持っているだけで退屈な人たちとのつきあいは「無駄な時間」として、できるだけ遠ざけていたようです。

「もともと外出が嫌い」だったこともありますが、本当の理由は、お金持ちと「退屈な時間」を過ごすくらいなら、その時間を仕事に充てたいと考えたからでした。

もっとも、シャネルが滅多に招待に応じなかったことが、かえって彼女の人気を高めたという側面もあるようです。ミステリアスなイメージが増幅され、彼女に対する周囲の期待はさらにふくらみました。つきあう人の本質を見抜く力が、シャネルのセンスを磨いたのです。

WORDS OF COCO CHANEL 78

男と女は恋愛において対等である

仕事のための時間と恋愛のための時間がある。
それ以外の時間なんてあるはずがない

▼『シャネル、革命の秘密』

ココ・シャネルは生涯でいくつもの恋愛を経験しています。しかし、それ以上に多くの時間を捧げたのは仕事でした。

あるとき、シャネルは一人の男性から「あなたは私が嫌いなんですか！」と憤慨されます。

シャネルはこう言いました。

「いつわたしに時間があるとおっしゃるの？」（『シャネル　人生を語る』）

そう答えるほどに、シャネルは仕事に没頭し、「人は働くので精一杯で、ほかの人のことなど考える余裕もない」とも話しています。

そんなシャネルですが、モデルを務めてくれた若い女性たちには、「仕事のための時間と恋愛のための時間がある。それ以外の時間なんてあるはずがない」と何度もアドバイスしていたといいます。

もっとも、モデルたちの恋愛が「結婚と幸福」を目的としたものだったのに対し、シャネルの恋愛は「自立」のためでした。

男性との交際も、結婚という関係性ではなく、自立した女性としての対等な（場合によっては対等以上）関係だったところに大きな違いがあります。

シャネルの生涯は仕事の時間と、恋愛の時間で埋め尽くされていたのです。

WORDS OF COCO CHANEL 79

規則正しい生活が成功を連れてくる

睡眠は七時間か八時間が必要。窓は開けたまま寝ること。早起きして仕事は懸命に一生懸命にやりなさい……。夜更かしは禁物

▼『ココ・シャネルの真実』

ココ・シャネルは第一次世界大戦の最中にファッション界で革命を起こし、1921年には「シャネルの5番」を大ヒットさせ、1931年にはハリウッドで映画衣装を手がけています。

30代半ばから多くの芸術家たちを支援し、40代ではウェストミンスター公爵との華やかな交際も話題となっています。

その生き方やスタイルが注目され、上流社会のファッション界の中心となったシャネルですが、絶頂期の1931年、アメリカの作家デューナ・バーンズのインタビューでこんなふうに答えています。

「睡眠は七時間か八時間が必要。窓は開けたまま寝ること。早起きして仕事は懸命に一生懸命にやりなさい……。夜更かしは禁物」と、パリの社交界の中心にいる人物とは思えないような話をしています。

社交界の人たちというと、毎晩遅くまでパーティーに参加し、生活が不規則だというイメージがあります。

しかし、現実のシャネルはお酒もあまり口にせず、頻繁に社交界に顔を出すこともなく、規則正しい生活を送っていたといいます。

「夜更け過ぎに面白いことなんか何もない」と言うシャネルにとって、熱くなれるのはやはり仕事だったのでしょう。

WORDS OF COCO CHANEL

80

男女の関係は恋愛だけとは限らない

男とはノンと言ってから本当の友達になれるもの

▼『シャネル哲学』

シャネルの才能を引き出し、成功へと導いてくれたアーサー・カペルは、シャネルではなく別の女性との結婚を選び、その直後に亡くなりました。

また、ウェストミンスター公爵とも一時は結婚を考えたことがありましたが、「ウェストミンスター公爵夫人は数多く存在しても、ガブリエル・シャネルはただひとり」（『シャネル哲学』）という名文句があるように、最終的にシャネルは結婚せず、公爵は別の女性と3度目の結婚をしています。

シャネルは他にも多くの芸術家たちと交際し、なかでも詩人のルヴェルディのことは心から愛していました。ところが、それでも結局、結婚には至りませんでした。

シャネルによると、人は「安心」や「名誉」のために結婚するけれど、彼女自身はそれらに対する興味が薄く、最終的に仕事を選んだのでした。

ただし、別れるといっても「もう二度と顔も見たくない」といった修羅場を演じるわけではありません。

「男とはノンと言ってから本当の友達になれるもの」と話しているように、恋愛が終わった後も友情を残し、交流を続けるのもシャネルの流儀でした。

「ココ・シャネル」参考文献

『シャネル　人生を語る』
ポール・モラン著、山田登世子訳、中公文庫

『ココシャネルの真実』
山口昌子著、講談社+α文庫

『シャネル』
藤本ひとみ著、講談社文庫

『ココ・アヴァン・シャネル』（上・下）
エドモンド・シャルル・ルー 著、加藤かおり・山田美明訳、ハヤカワ文庫

『シャネル哲学　ココ・シャネルという生き方 再生版』
山口路子著、ブルーモーメント

『ココ・シャネル　時代に挑戦した炎の女（FIGARO BOOKS）』
エリザベート・ヴァイスマン著、深見純子訳、阪急コミュニケーションズ

『シャネル、革命の秘密』
リサ・チェイニー著、中野香織訳、ディスカバー・トゥエンティワン

『ココ・シャネルの秘密』
マルセル・ヘードリッヒ著、山中啓子訳、早川書房

『誰も知らなかったココ・シャネル』
ハル・ヴォーン著、赤根洋子訳、文芸春秋

『ユリイカ』2021.07
青土社

『芸術新潮』2022.8
新潮社

桑原《くわばら》　晃弥《てるや》

1956年、広島県生まれ。経済・経営ジャーナリスト。慶應義塾大学卒。業界紙記者などを経てフリージャーナリストとして独立。トヨタ式の普及で有名な若松義人氏の会社の顧問として、トヨタ式の実践現場や、大野耐一氏直系のトヨタマンを幅広く取材、トヨタ式の書籍やテキストなどの制作を主導した。一方でスティーブ・ジョブズやジェフ・ベゾスなどのIT企業の創業者や、本田宗一郎、松下幸之助など成功した起業家の研究をライフワークとし、人材育成から成功法まで鋭い発信を続けている。著書に『人間関係の悩みを消す　アドラーの言葉』『自分を活かし成果を出す　ドラッカーの言葉』（ともにリベラル社）、『スティーブ・ジョブズ名語録』（PHP研究所）、『トヨタ式「すぐやる人」になれる8つのすごい！仕事術』（笠倉出版社）、『ウォーレン・バフェット』（朝日新聞出版）、『トヨタ式5W1H思考』（KADOKAWA）、『1分間アドラー』（SBクリエイティブ）、『amazonの哲学』（だいわ文庫）などがある。

イラスト　宮島亜希
デザイン　宮下ヨシヲ（サイフォン・グラフィカ）
編集協力　宇野真梨子
DTP　22plus-design・尾本卓弥（リベラル社）
編集人　安永敏史（リベラル社）
編集　木田秀和（リベラル社）
営業　津田滋春（リベラル社）
広報マネジメント　伊藤光恵（リベラル社）
制作・営業コーディネーター　仲野進（リベラル社）

編集部　中村彩
営業部　津村卓・澤順二・廣田修・青木ちはる・竹本健志・持丸孝

新しい美しさを追求する **ココ・シャネルの言葉**

2024年9月24日　初版発行

著　者　桑 原　晃 弥
発行者　隅 田　直 樹
発行所　株式会社 リベラル社
〒460-0008　名古屋市中区栄3-7-9　新鏡栄ビル8F
TEL 052-261-9101　FAX 052-261-9134
http://liberalsya.com
発　売　株式会社 星雲社（共同出版社・流通責任出版社）
〒112-0005　東京都文京区水道1-3-30
TEL 03-3868-3275
印刷・製本所　モリモト印刷株式会社

　ISBN978-4-434-34413-8　C0095